Naturgesetze und Rechtsgesetze.

Von

Dr. A. Affolter.

München 1904
J. Schweitzer Verlag (Arthur Sellier).

K. b. Hof- u. Univ.-Buchdruckerei von Fr. Junge (Junge & Sohn), Erlangen.

Inhalt.

I. Die Naturgesetze.

1. Verhältnis von Naturgesetz und Naturkraft.

Bei Betrachtung des Wesens der Naturgesetze kann man von zwei Auffassungen ausgehen. Entweder schreibt man den Naturkräften selbst die inhärierende Eigenschaft zu, sich gesetzmäßig zu äußern oder man betrachtet Naturkraft und Naturgesetz als einander gegenüberstehend. Nach der erstern Auffassung würde sich die Naturkraft selbst bestimmte unveränderliche Richtungen beilegen und so gesetzmäßige Kraft werden; nach der andern Auffassung würde der Naturkraft das Gesetz, wonach sie sich zu verhalten hat, vorgeschrieben. Die Beobachtung lehrt uns, daß die Naturkräfte in ihren Äußerungen innige Beziehungen zueinander aufweisen, die einen einheitlichen, gesetzmäßigen Plan voraussetzen. Wäre es der Wille, als welchen sich die einzelne Naturkraft darstellt, selbst, der seine Gesetzmäßigkeit begründet, so könnte eine Erklärung der Einheitlichkeit nur durch die Annahme einer Verständigung der einzelnen Naturkräfte untereinander gefunden werden; würde sich jede Naturkraft selbst und unabhängig ihre Gestalt, Form oder Richtung geben, so könnte keine Harmonie sich ergeben. Die Naturkräfte würden sich im Kriegszustande zueinander befinden, sich gegenseitig befehden und paralysieren. Nimmt man nur einen Willen der Materie an, der sich verschieden gestaltet und in einzelne Naturkräfte ausläuft, so wäre die Annahme einer Verständigung allerdings überflüssig. In beiden Fällen müßte sich aber der Wille, als welchen sich die Naturkraft darstellt, als zweiteiliger Wille erweisen, einmal Wille als Entschluß, sich in ganz bestimmter Weise für alle Zukunft zu verhalten und Wille als Ausführung des Entschlusses, sich nach dem gefaßten Entschlusse zu verhalten. Das würde aber einen bewußten Willen voraussetzen und wir haben keinen Anhalt dafür, den Willen der Materie als bewußten zu erkennen. Es liegt also die Annahme nahe, daß wir es mit zweierlei zu tun haben, mit dem Gesetzeswillen und dem Gehorsamswillen. Der erstere ist das Primäre; er macht den Plan, nach welchem sich die Materie bewegen, entwickeln, gestalten soll. Der Gehorsamswille ist der Wille der Materie, sich diesen aufgestellten Gesetzen zu fügen, unwandelbar nach dem aufgestellten Plane zu wirken. Dabei kann der gesetzgeberische Wille nur bewußter Wille sein; das Bewußtsein wägt das Für und Wider ab, berechnet die möglichen Gestaltungen des So oder Anders und kommt zu einem subjektiv befriedigenden Resultate, das als Willensbeschluß bezeichnet werden kann. Wir bezeichnen diesen Willen als Beschluß und nicht als Entschluß, weil unser Sprachgebrauch unter ersterm ein Wollen versteht, das nicht oder nicht bloß für den Wollenden, sondern für andere Geltung haben soll, während als Entschluß der Wille bezeichnet wird, der sich sein eigenes Verhalten für die Zukunft setzt. Der Beschluß der Naturgesetze ist nicht für den Wollenden maßgebend, sondern für die Materie. Mit dem Beschlusse hat sich der Wille des Beschließenden vorläufig, d. h. bis zu einer Änderung des Beschlusses oder bis zu einem andern Beschlusse erschöpft; der Beschluß schließt mit der Tatsache, daß so gewollt ist und diese Tatsache bleibt für die Zukunft nicht als Wille, sondern als Tatsache bestehen, daß so gewollt wurde. Dabei kann der Wille des Beschließenden auch für die Zukunft, so oft er sich bewußt wird, d. h. so oft er sich an seinen Beschluß erinnert, als noch mit dem Beschlusseinhalt konform empfunden werden; es sind aber nicht die fortdauernden konformen Bewußtseinsvorgänge, welche die Geltung des Beschlusses aufrecht erhalten, sondern der Beschluß selbst hat diese Wirkung in sich, bis und solange der Beschließende seine Anschauungen nicht ändert und einen neuen, abändernden Beschluß faßt. Der gesetzgebende Wille äußert seine Kraftanstrengung nur im Beschlusse; nach der Beschlußfassung wirkt der Wille auf dem Gebiete des Beschlusses nicht mehr. Unrichtig wäre es also vom Gesetzesbeschlusse oder vom Beschließenden die Kraft ausgehen zu lassen, die in der Befolgung des Gesetzes zutage tritt. Diese Kraft, die sich in der Befolgung äußert, ist Kraft oder Wille des Befolgenden selbst, also Wille der Materie. Die Kraft kommt eben dadurch zustande, daß die Materie dem Gesetze gehorsam ist, letzteres befolgt. Die Kraft des Gesetzes strömt nicht aus dem Gesetze, sondern aus der Befolgung des Gesetzes. Da die Befolgung des Gesetzes eine konstante, unabänderliche ist, so äußert sich auch die Kraft oder der Wille konstant; da dieser Wille die Wege, die er zu wandeln hat, vorgezeichnet findet, so ist der Gehorsamswille ein blinder, ein unbewußter Wille.

2. Das sog. Kausalitätsgesetz.

Der Naturgesetzgeber will nicht Naturkräfte, die, von einander unabhängig, in ewiger Monotonie sich äußern, sondern er will Mannigfaltigkeit, Kombinationen, die sich dadurch ergeben, daß unter gleichen Verhältnissen stets ein bestimmter Erfolg eintritt. Der Gesetzgeber will also gegenseitige Einwirkungen der Materie mit ihren Kräften nach festgelegtem Plane. Er verknüpft mit bestimmten Voraussetzungen bestimmte Wirkungen; er will, daß, wenn das und das geschieht, das und das sich ereignen soll. Diese Verknüpfung oder Kausalität ist eine planmäßige, sie beruht auf dem ausgesprochenen Willen des Gesetzgebers. Die Verknüpfung von Ursache und Wirkung liegt nicht in der Materie selbst, sondern nur im Gesetze, im gesetzgeberischen Willen. Vom Standpunkte der Befolgung des Naturgesetzes aus, gibt es nur ein Nacheinander, nicht eine Verknüpfung, und wenn der Mensch diese Verknüpfung erkennt, so erkennt er eben das Gewolltgesetzliche des Nacheinanders. Die Fähigkeit, dieses Gewolltgesetzliche zu erkennen, ist uns durch die Urteilskraft gegeben; wir verknüpfen das Nacheinander nicht selbst zu Ursache und Wirkung, sondern wir folgern, beobachten, erkennen die vom Naturgesetzgeber gewollte Kausalität, welche dem Nacheinander zugrunde liegt. Die Auffassung, daß die Kausalität, eine Anschauungsform a priori sei, schrumpft also auf die Tatsache zusammen, daß das Erkennen fähig ist, bei dem Nacheinander auf die naturgesetzliche Verknüpfung zu schließen. Wenn Schoppenhauer bemerkt, daß das Gesetz der Kausalität nur Gültigkeit für Vorstellungen hat, so trifft dies zu. Die Kausalität, weil im Naturgesetze selbst liegend, ist nur erkennbar durch Betrachtung des Naturgesetzes selbst und diese Betrachtung setzt ein Bewußtsein des Beobachtenden voraus. Nicht aber liegt die Kausalität als Form im Verstande selbst, sie liegt auch nicht in der Erscheinung der Materie oder ihrer Kräfte, sondern einzig und allein in dem über uns und der gesamten Materie schwebenden Naturgesetze. Das sog. Kausalitätsgesetz ist also nicht ein oder das Naturgesetz, sondern die Eigentümlichkeit des letztern, das planmäßige Verknüpfen. Die Erkenntnis der Kausalität läßt auf mit bewußtem Willen erlassene Naturgesetze schließen. Denn die erkannte Kausalität liegt nicht in der Materie und ihren Kräften, weil wir hier nur ein Nacheinander beobachten können; die Kausalität liegt auch nicht lediglich in uns, weil nicht wir selbst verknüpfen, sondern nur wissen, daß das Nacheinander verknüpft ist. Die Kausalität, die wir erkennen, kann also nur von demjenigen bewußten Willen ausgehen, der der Materie, bezw. ihrem Willen den Weg vorwies.

Wenn der Naturgesetzgeber planmäßig alles verknüpft, so will er auch das gesamte Nacheinander, das gesamte Geschehen mit all' seinen Gliedern. Er hat also auch dasjenige vorgesehen, das vom rein menschlichen Standpunkte aus verwerflich oder unerlaubt erscheint. Die subjektive Wertschätzung des Menschen ist nicht identisch mit derjenigen des Naturgesetzgebers. Gut und böse, schön und häßlich, erlaubt und unerlaubt sind rein menschliche Werturteile, naturgesetzlich begründet mit Rücksicht auf den im Plane gewollten gesellschaftlichen Verkehr der Menschen untereinander. Der Naturgesetzgeber hat alles gleich gewollt, das nach unserer Ansicht Gute und Böse, Schöne und Häßliche, Freudige und Schmerzliche.

3. Grund der Befolgung des Naturgesetzes.

Wenn Naturgesetz und Naturkraft sich zueinander verhalten wie Vorschrift und Befolgung, so bleibt uns noch die Frage offen, warum die Befolgung geschieht. Ein Beschluß hat keine Bedeutung, wenn niemand demselben gehorcht. Es muß also ein zwingender Grund für die Materie vorhanden sein, weshalb sie den Naturgesetzen Folge leistet und damit Kraft an den Tag legt. Dieser Grund bleibt für uns unerforschlich.

4. Der organische Wille.

Es ist der Wille der Materie, der sich zum organischen Willen gestaltet. Der letztere zeigt sich in der Entwicklungsgeschichte zunächst noch unbewußt. Der Naturgesetzgeber plant sich vorerst organische Gebilde, die vom Boden aus ernährt werden und die sämtliche Bedingungen der Existenz und Fortpflanzung in sich tragen. Schwierigkeiten ergeben sich aber bei Schaffung solcher Gebilde, welche sich frei bewegen sollen und also so ausgestattet werden müssen, daß sie ihre Nahrung suchen, sich vor Gefahren schützen und die Fortpflanzung besorgen können. Dies kann erreicht werden durch die Möglichkeit der Anpassung des Willens an die äußern veränderlichen Umstände. Der Wille kann dabei nicht zum vornherein auf eine einzige, bestimmte Form und Richtung beschränkt werden, sondern muß die Urteilsmöglichkeit gestützt auf Wahrnehmungen in sich tragen. Soll also eine anpassungsfähige Bewegung gesichert sein, so muß sich die Kraft im Organismus überall da, wo der letztere mit der übrigen Materie in Berührung kommt, in einer Weise gestalten, die wir als Bewußtseinsvorgang bezeichnen. Dabei verfährt der Schöpfungsplan völlig ökonomisch; nur soweit das organische Wesen mit der übrigen Welt zu tun, seinen Hunger und Durst zu stillen, seine Gattung fortzupflanzen, sich gegen Unbill der Natur und andere feindliche Organismen zu schützen hat, bildet sich der organische Wille als bewußter. Soweit dieses Sichinverhältnissetzen mit der übrigen Welt nicht notwendig ist, bleibt der organische Wille unbewußt, so namentlich in Bezug auf das innere vegetative Leben. Der organische Wille ist Wille der Materie, eine Kombination von Naturkräften. Was also mit der Bewußtheit des organischen Willens bezweckt wird, ist die Möglichkeit des sofortigen Anschmiegens an äußere Verhältnisse. Diese Möglichkeit des Anschmiegens bedingt ein spontanes Handeln, welches aber als solches ein rein naturgesetzliches, determiniertes ist.

5. Bewußtsein und Ich.

Ist das Bewußtsein etwas Selbständiges neben dem Willen oder ist es eine Eigenschaft des Willens, der Kraft selbst? Aus dem Umstande, daß der bewußte Wille nur eine besondere Erscheinungsart des an sich unbewußten organischen Willens ist und seinen Grund lediglich darin findet, die Existenz eines, nicht an den Boden gebundenen Wesens zu ermöglichen, schließen wir, daß das Bewußtsein lediglich eine Begleiterscheinung des Willens ist. Wille ohne Bewußtsein ist möglich, nicht aber Bewußtsein ohne Wille. Jeder Gedanke, jede Wahrnehmung, jede Vorstellung ist Kraft oder Wille; Schmerz ist Affektion des Willens (Schoppenhauer). Wo der Wille oder die Kraft in ganz bestimmten, zum vornherein vorgezeichneten Richtungen sich ständig bewegen muß, ohne daß eine Abweichung stattfindet, wie bei der Pflanze und beim rein vegetativen Leben des tierischen Körpers, gibt es kein Bewußtsein. Das Bewußtsein fehlt hier nicht bloß aus Ökonomie, weil es überflüssig ist, sondern weil bei einem einförmigen, konstanten Willen ein solches naturgemäß ausgeschlossen ist. Es scheint mir, daß das Bewußtsein dadurch bedingt ist, daß sich für die Betätigung einer Kraft verschiedene Möglichkeiten eröffnen, wovon die eine, als die gemäß der gegebene Konstellation passende, den Vorrang erhält. Wie das Bewußtsein zustande kommt, entzieht sich unserer Beobachtung. Die Grundlage desselben ist gegeben durch eine Mehrzahl aufeinander wirkender organischer Kräfte, bezw. Fähigkeiten. Erweckt wird das Bewußtsein erst durch die Sinneseindrücke, welche sich an Kräfte festklammern und ihnen den Weg weisen. Ohne Wahrnehmung, bezw. Erfahrung kein Bewußtsein. Die Fähigkeit zu urteilen, zu schließen ist Eigenschaft einer organischen Kraft, der Urteilskraft, welche dasjenige einbezieht, was wir Vernunft und Verstand nennen. Die Urteilsfähigkeit umfaßt dabei ferner das Erinnerungsvermögen (Gedächtnis) und das Kombinationsvermögen (Phantasie). Die Gesamtheit dieser durch die Erfahrung ausgebildeten Kräfte, bilden nach außen das Ich. Das Ich ergibt sich lediglich aus dem Verhältnis eines bewußt-möglichen Willens zur übrigen Welt. Dadurch, daß das Bewußtsein der gesamten übrigen Welt gegenübersteht, bildet sich das Ich. Das Ich ist Subjekt gegenüber allem andern, das Objekt ist. Innerhalb des Ich gibt es kein Subjekt und Objekt. Zwar erscheint die übrige, dem Ich gegenüberstehende Welt in ihrer Abspiegelung nur als Vorstellung und diese ist dem Bewußtsein angehörend; das Ich ist aber doch nicht Subjekt gegenüber den Vorstellungen selbst, sondern gegenüber dem Vorgestellten; das Ich setzt sich gegenüber dem Übrigen, außer ihm Liegenden, das vorgestellt wird. Die Selbstbeobachtung, Selbstbesinnung und Selbstzergliederung sind allerdings Gegenüberstellungen im Innern des Ich, wobei man Subjekt und Objekt unterscheiden kann. Allein es ist nicht ein ständiges Subjekt da, ein Selbst, das sich allen übrigen Bewußtheitsvorgängen gegenüberstellt, sondern es sind bald diese oder jene organischen Kräfte, die zu dominieren und als Subjekt die übrigen Kräfte zu bändigen suchen.

6. Die Elemente des Willens.

Der nach außen zutage tretende Wille erscheint uns als etwas Einheitliches. Der organische Wille ist aber nicht eine Kraft, sondern die Diagonale verschiedenartiger Kräfte, von denen die einzelnen bald stärker, bald schwächer auftreten, je nachdem stärkere oder schwächere Reize auf sie einwirken. Da die Kräfte selbst und die Reize derselben dem Kausalnetze angehören, so ist die Diagonale der Willenskräfte, obgleich sie sich stets verändert, selbst dem Kausalnexus angehörend. Die Bewußtheitsvorgänge, welche zur Diagnale des einheitlichen Willens führen, nennen wir Motive. Wie die Naturkräfte planmäßig geordnet sind, so liegt auch der Anordnung der verschiedenartigen Kräfte bei einer Gattung animalischer Wesen ein bestimmter Plan zugrunde. Dieser Plan ist bedingt durch die Stellung, welche der betreffenden Gattung in der Welt angewiesen werden will. So sind die organischen Kräfte anders bei dieser, anders bei jener Tiergattung. Wir beschränken uns auf die nähere Betrachtung des Planmäßigen beim Menschen. Die zunächst liegenden Rücksichten, welche hier zu nehmen waren, bilden die Ernährung und Fortpflanzung; es existieren deshalb im Menschen organische Kräfte, welche darauf hinzielen. Die Ernährung und Fortpflanzung ist aber nur eine Seite der Fürsorge für die Erhaltung der Art. Als weitere solche organische Kräfte sind zu nennen: Eltern-, namentlich Mutterliebe, Erwerbstrieb (Ausartung: Habsucht), Unternehmungslust, Sparsinn (Ausartung: Geiz), Furcht vor Nachteilen u. s. w. Ebenfalls zur Erhaltung und Förderung der Gattung sieht der naturgesetzliche Plan den Organisationstrieb vor, der zur Bildung von Gemeinwesen führt. Unterstützend wirkt beim Organisationstrieb der Geselligkeitstrieb und der Ehrgeiz, namentlich aber der Trieb für das Moralische, der Vergeltungstrieb (Ausartung: Rachsucht) und das Mitleid.

7. Insbesondere der Moral- und Vergeltungstrieb.

Der Trieb für das Moralische ist beim Menschen naturgesetzlich festgelegt. Es ist keine durch Gewöhnung oder Übung erworbene, sondern eine angeborne Kraft, die sich mit der Urteilskraft zu gesellen hat. Diese Kraft drängt auf solche Urteile und damit Willensäußerungen hin, die wir als moralische und im weitern Sinne als sittliche, anständige, wahrhaftige bezeichnen. Wie aber der Bau des Menschen trotz Übereinstimmung der Anatomie und Physiologie so unendlich verschieden ist, daß kein Mensch dem andern vollständig gleicht, so bietet auch die Zusammensetzung der organischen Kräfte im einzelnen Verschiedenheiten dar, die zu mehr oder weniger ungleichen Charakteren führen. Der Moraltrieb insbesondere, weil er von der Urteilskraft abhängig ist, wird sich nicht bei allen Menschen vollkommen gleich zum Durchbruche verhelfen. Ist die Urteilskraft eine geringe, so wird der Moraltrieb, auch wenn er an und für sich eine gewisse Stärke aufweist, durch andere Triebe in unrichtige Bahnen gelenkt. Ist die Urteilskraft eine starke, der Moraltrieb aber ein geringer, so wird sich der Mensch über Bedenklichkeiten hinwegsetzen, die für einen andern unüberwindlich sind. Der Moraltrieb kann auch gefesselt sein durch abergläubische Vorstellungen und dann nur getrübt zum Vorschein gelangen.

Der Vergeltungstrieb ist mit dem Moraltrieb verwandt; er ist speziell darauf gerichtet, Verstoßungen anderer gegen das moralische und sittliche Gefühl zu vergelten, und somit eine Beruhigung des verletzten Gefühls eintreten zu lassen und durch Abschreckung zu wirken. Das Mitleid lindert alle hervortretenden Triebe, den Erwerbssinn, Sparsinn und Vergeltungstrieb; seine naturgesetzliche Bestimmung liegt in der Erhaltung der Schwachen. Organisationstrieb, Gesellschaftstrieb, Moraltrieb, Vergeltungstrieb und Mitleid führen zur staatlichen Gesellschaft, zur Rechtsordnung, zur Humanität.

8. Die Diagonale der Kräfte und der Wille.

Diese verschiedenen Kräfte, welche im Menschen wirken, erhalten für jede Handlung eine Diagonale, die sich als Wille in der Handlung zeigt. Wille ist Lust. Daß uns der Wille in der Handlung manchmal so schwer erscheint, wenig Lustgefühl oder keines oder sogar Unlustgefühle erweckt, kommt lediglich daher, daß dieser Wille nicht ungetrübt auftritt, daß andere ankämpfende, nach einer abweichenden Richtung zielende Kräfte oder Willensregungen sich geltend machen und den gefaßten Willen beschweren, mit Unlustgefühl belasten. Da wo der Wille durch keine andere Willensregungen durchkreuzt wird, sondern unbehindert von seelischer Belastung wirken kann, ergibt sich denn auch volle Lustbefriedigung. Was bei dem Spiele der verschiedenen Kräfte oder Willensregungen den Ausschlag gibt, ist die möglichste Beruhigung des Kampfes. Ist ein Trieb mächtig gereizt, so wird eine Beruhigung nur eintreten, wenn er siegt, oder der Urteilskraft es gelingt, diesen Trieb zu beruhigen. Jede Beunruhigung bewirkt Unlust, Schmerz und das animalische Wesen sucht naturgesetzlich die Unlust zu meiden oder herabzumindern. Verhütung von Unlust, bezw. verhältnismäßige Herabminderung bestehender Unlust ist das Ziel, worauf die organischen Kräfte hinsteuern. So kann die Wertschätzung einer Handlung nur objektiv angelegt werden; subjektiv erscheint sie stets als diejenige Willensäußerung, welche dem Handelnden verhältnismäßig, d. h. in Hinblick auf andere möglichen Handlungen die größte Befriedigung gewährt. Je nach der Komposition der organischen Kräfte kann etwas für ein Subjekt Unlust bedeuten, was für das andere Lust ist. Die Handlung eines Menschen ist deshalb für einen andern manchmal völlig unbegreiflich. So sehen wir Akte, die wir als Selbstverleugnung bezeichnen, die aber für den Handelnden die Quelle der höchsten Selbstbefriedigung bilden. Die natürlichen Anlagen bilden immer die Hauptdetermination; Erziehung vermag viel, aber lange nicht alles. Manchmal ist die Urteilskraft im Irrtume über die Beruhigung; es scheint ihr das Nachgeben einem bestimmten, mächtig sich regenden Triebes als allein geeignet, um eine verhältnismäßige Beruhigung herbeizuführen. Nachdem die Handlung geschehen, kommt die Einsicht erst und es tritt nun eine nachträgliche Beunruhigung ein, die als Reue bezeichnet wird und die dann oft zu neuen, die frühern aufhebenden Handlungen führt. Ist speziell der Moraltrieb unterlegen, so gestaltet sich die Reue zu Gewissensqualen.

Am regelmäßigsten tritt die Befriedigung des normalen Menschen bei Handlungen ein, die dem Moraltriebe, dem Gefühle für rechtschaffenes, anständiges, wahrhaftiges, unzweideutiges, loyales Verhalten entsprechen. Diese Tatsache kann durch keine Lehren vom Übermenschentum, vom Rechte des Stärkern, durch kein Lob des rein sinnlichen Lebensgenusses weggewischt werden. Solche Lehren vermögen einzelne Köpfe momentan zu verwirren und zu unüberlegten Handlungen hinzureißen. Nachher erwacht aber das Gewissen und bereitet größere Qualen, als die unüberlegte Handlung Genuß gebracht hat. Bei Menschen mit gesundem Moraltriebe und gesunder Urteilskraft vermag überhaupt keine Lehre, die diesen Kräften widerspricht, Einfluß zu gewinnen, auch wenn diese Lehren geglaubt werden. Andererseits nützen Ermahnungen zu rechtschaffenem Handeln bei Leuten nichts, die mit geringem Moralsinne ausgestattet sind oder bei welchen andere Triebe übermächtig herrschen. Der naturgesetzliche Plan bezweckt zweifellos grundsätzlich ein moralisches Verhalten der Menschen und sucht auch dasselbe dadurch zu belohnen, daß zu der innern Befriedigung über die Handlungen selbst, das Zutrauen der Genossen hinzutritt, welches für das Wohlergehen des einzelnen nur förderlich sein kann. Allein, da es für den Naturgesetzgeber ein leichtes gewesen wäre, eine völlige, gleichmäßige, natürliche Anlage der Menschen und so alles rechtschaffene, anständige und loyale Bürger zu schaffen, so muß die Verschiedenartigkeit der Veranlagung einen Zweck gehabt haben. Dieser Zweck ist wohl in der Erreichung einer gewissen Mannigfaltigkeit zu suchen, welche die Einförmigkeit durchbricht, Anreize darbietet und dadurch die Möglichkeit zur Fortbildung und Entfaltung der menschlichen Kräfte bedingt.

9. Wille der Materie und des Gesetzgebers.

Man kann gegen die Bezeichnung des Willens der Materie als Allbeseelung, als Pantheos, Weltgeist u. s. w. nichts einwenden, solange man es unterläßt, dieser Allbeseelung oder diesem Weltgeiste Bewußtsein zuzuschreiben. Das Bewußtsein ist zu verneinen, weil der Wille der Materie sich nach unwandelbaren, festgefügten Gesetzen bewegt und nur soweit zum bewußten Willen wird, als er in der organischen Gestaltung zutage tritt. Eine Bewußtheit des Willens der Materie wäre nur möglich, wenn die willenbegabte Materie geschlossen als Einheit, als Ganzes einem Andern gegenüberstände, m. a. W. wenn der Kosmos eine äußere Unterscheidung gegenüber einem andern Kosmos hätte, wie der Mensch seine Unterscheidung nach außen, in Hinblick auf übrige Organismen und die Materie kehrt. Das trifft zu, daß der Kosmos als Ganzes, als Einheit der Betrachtung des Gesetzesgebers gegenübersteht; allein diese Einheit hat keinen bewußten Willen, weil sie nur Gegenstand, Objekt des Gesetzgebers ist und keine Funktionen als Subjekt nach außen erhält; der Wille des Kosmos ist nur innerer Wille, wie der vegetative Wille im tierischen Organismus. Als solcher Wille folgt er blind den Naturgesetzen ohne jedes Bewußtsein.

Der bewußte Wille des Gesetzgebers steht außer seinem Objekte, außerhalb des Kosmos; er steckt nicht in der Materie, weil er dem Willen der Materie Gesetze gibt.

Der Zweck der Naturgesetze ist Ordnung der Materie, der Zweck dieser Ordnung der Materie durch das Gesetz ist für uns unerforschlich.

10. Grenzen unserer Erkenntnis.

Für den Menschen als Beobachter liegt der Inhalt des Naturgesetzbeschlusses nicht offen da; wir können ihn nicht lesen, wie wir einen menschlichen Gesetzgebungsbeschluß lesen können. Unsere Kenntnis von den Naturgesetzen ergibt sich lediglich aus Schlußfolgerungen, die wir aus der Beobachtung des Befolgungswillens ziehen. Der Wille der Materie ist unserer Beobachtung, wenigstens bis zu einem gewissen Grade zugänglich; aus der empirischen Betrachtung der auf unsere Sinne einwirkenden Kräfte der Materie schließen wir auf das

Gesetz, nach welchem sich diese Kräfte zu bewegen haben. Könnten wir alles empirisch erfassen, so würden wir auch die Naturgesetze vollinhaltlich wissen. Die Beobachtung beruht auf unserer Sinneswahrnehmung; die Sinne spiegeln uns die Welt ab. Können uns diese Sinne nicht täuschen, könnte sich nicht die Welt als etwas ganz anderes darstellen, z. B. nur als Wille ohne Materie? Aus der Erkenntnis, daß der Naturgesetzgeber das Bewußtsein ermöglicht hat aus dem Grunde, damit sich der animalische Organismus mit der übrigen Welt abfinde, ergibt sich der zwingende Schluß: der Gesetzgeber hat die Sinneswerkzeuge so ausgestattet, daß deren Wahrnehmung ein möglichst getreues Bild der übrigen Welt vermittelt. Es hätte keinen Sinn uns zu täuschen. Die Materie existiert also außer uns so wie sie sich durch ihre Kräfte und durch Vermittlung unserer Sinne in uns abspiegelt. Raum und Zeit existieren außer uns so, wie wir sie erkennen; die Annahme, daß Raum und Zeit a priori vorhandene Formen unserer Anschauungen seien, reduziert sich auf die Tatsache, daß der bewußte Wille naturgesetzlich befähigt ist, das Wahrgenommene am richtigen Orte und in der richtigen Zeit einzureihen. Andererseits konnte es nicht im Plane des Gesetzgebers liegen, unser Erkennen weiter auszudehnen, als es nach ökonomischen Grundsätzen notwendig erscheint. Wir, um von den Menschen zu sprechen, sind zwar nicht mit dem Boden verwachsen, wir kleben aber dennoch an der Erdoberfläche. Diese bildet unsern Spielraum, das Feld für unsere Bedürfnisse, für unser Wachstum, unsere Ernährung und Fortpflanzung. Was deshalb außer dieser Notwendigkeit liegt, braucht unserer Erkenntnis nicht gegeben zu werden. Raum und Zeit sind uns völlig vertraut und dies genügt vollkommen für unsere Bewegungsfähigkeit. Die Erkenntnis der Unendlichkeit von Raum und Zeit ist schon Resultat eines Nachdenkens, das für unser Dasein und unsere Betätigung gänzlich unfruchtbar ist und deshalb den Tieren, Kindern und einfachen Naturmenschen völlig entgeht. Die Unbegreiflichkeit der Unendlichkeit von Raum und Zeit zu erkennen, ist dem Menschen erst auf einer höhern Kulturstufe gegeben; die Unendlichkeit selbst zu begreifen, wird er nie vermögen. Und doch muß diese Unendlichkeit begreiflich sein, aber nur für einen anderen bewußten Willen als den unsrigen. Das Begreifen der Unendlichkeit wäre möglich, wenn wir das scheinbar Unendliche als Endliches erfassen könnten, bezw. wenn das Unendliche endliche Formen annehmen würde, die dem Begriffsvermögen einleuchteten. Daß der Raum etwas Endliches sein muß, ergibt sich aus den Gesetzen der Erhaltung der Kraft und Materie und der, allerdings noch bestrittenen Beobachtung, daß ein materieloser Raum nicht besteht. Wäre der Raum unendlich, so müßten auch Materie und Kraft unendlich sein. Die Lösung des Rätsels von der Unendlichkeit des Raumes liegt also in der Erfassung der Form seiner Endlichkeit, jedenfalls nicht in der Leugnung der Realität des Raumes. Anders verhält es sich mit der Zeit. Hier ist die zukünftige Unendlichkeit für uns kein Rätsel; wir können begreifen, daß in alle Zukunft hin etwas geschieht, obschon dieser Ausblick für unsere Fassungskraft etwas Schwindelerregendes besitzt. Dagegen ist für uns unfaßbar die Unendlichkeit der Vergangenheit, diese Unendlichkeit könnte, wie die Unendlichkeit des Raumes nur durch die Erkenntnis der Form ihrer Endlichkeit erfaßt werden.

Es liegt ferner für den Menschen keine Notwendigkeit vor, das Erkennen der Kausalität bis auf den Willen auszudehnen. Wenn auch der Schöpfungsplan die Erkenntnis der Determination des Willens, wie die Erkenntnis des Unbegreiflichen der Unendlichkeit für den Intellekt nicht geradezu verschloß, so sollte diese Erkenntnis doch möglichst erschwert werden. Der Mensch kann mit dieser Erkenntnis nichts anfangen als höchstens sein Mitleid für die Mitmenschen fördern. Die ganze empirische Weltauffassung, der ganze Verkehr mit den Mitmenschen muß auf der Freiheit des Willens basieren. Die Erkenntnis der Determination hat einen praktischen Wert für uns nicht und wir sind genötigt, im praktischen Leben dieselbe völlig zu ignorieren.

II. Die Rechtsgesetze.

11. Die menschlichen Gesetze überhaupt.

Wie mit den Naturgesetzen verhält es sich im großen und ganzen mit den von den Menschen gewollten Gesetzen. Wir haben bei den Naturgesetzen hervorgehoben den (bewußten) gesetzgeberischen Willen, bezw. den Beschluß und den Gehorsamswillen der Materie; der Grund des Gehorsams ist dabei für uns unerforschlich. Die Kraft geht nicht vom Gesetze aus, sondern von demjenigen, das dem Gesetze gehorcht. Bei den von den Menschen gewollten Gesetzen haben wir ebenfalls den gesetzgeberischen Willen und den Gehorsamswillen. Der Gehorsam bedingt die Geltung des Gesetzes; einem Gesetze, dem nicht gehorcht wird, fehlt die Geltung und damit die Wirklichkeit als Gesetz. Der Grund des Gehorsams bei menschlichen Gesetzen ist erforschbar, und während bei den Naturgesetzen der Gehorsamswille ein blinder, unbewußter ist, muß er bei der Geltung menschlicher Gesetze, weil von Menschen herkommend, ein bewußter sein. Die Geltung menschlicher Gesetze hat, was wohl nicht besonders ausgeführt zu werden braucht, nie die Vollkommenheit derjenigen der Naturgesetze. (Hegel, Philosophie des Rechts, Vorrede, S. 8, Zitelmann, Irrtum und Rechtsgeschäft, 1879, S. 200ff.)

Von Menschen gewollte Gesetze gibt es vielerlei. Man denke z. B. an Spielregeln. Diese Regeln sind Gesetze von Menschen herkommend; ihnen wird gehorcht von den Spielenden, sie haben also Geltung. Der Grund, warum die Spielenden den Spielgesetzen gehorchen, liegt in der Anerkennung der Zweckmäßigkeit und Annehmlichkeit derselben. Auch die Sitte und Konvention, sogar die Mode sind menschliche Gesetze; der Gehorsam, der ihnen geleistet wird, liegt in der Überzeugung ihrer Richtigkeit und der Furcht vor Nachteilen bei Übertretung.

Jedes menschliche Gesetz geht von einem individuellen Willen aus. Dagegen wird dieser individuelle Wille nur wirksam, wenn der Gehorsamswille in genügendem Maße vorhanden ist. Die menschlichen Gesetze, insbesondere das Recht haben also stets zwei Quellen, den Gesetzgebungswillen und den Gehorsamswillen. Der erstere ist Einzel-, der letztere Massenerscheinung. Der Gesetzgebungswille ist geistige Produktion, der Gehorsamswille geistlose Anpassung. Sowenig wie das Volkslied vom Volke selbst, als Kollektiverscheinung gedacht, herrührt, sondern von einem oder wenigen einzelnen Menschen gedichtet ist und im Volksmunde lediglich seine Verbreitung findet, ebensowenig ist das menschliche Gesetz, insbesondere das Rechtsgesetz, Produkt einer Masse, eines ganzen Volkes. Wäre es uns möglich, alle Fäden zu verfolgen, so würden wir stets als Urheber der Ideen einzelne Menschen finden, welche für dieselben wirkten und Zustimmung fanden. Freilich baut auch der einzelne auf dem Gedankenvorrat der Vergangenheit, auf der gegebenen Kultur und Sitte auf.

12. Wille des Rechtsgesetzgebers.

Die wichtigsten menschlichen Gesetze sind die Rechtsgesetze. Sie gehen von einem menschlichen Willen aus, der sie beschließt. Mit dem Beschlusse ist der Wille in Bezug auf dieses Gesetz erschöpft; der Gesetzesbeschluß wirkt als Ereignis, als Tatsache. Der Wille, der das Gesetz beschlossen, ist allerdings regelmäßig fortdauernd, er hat aber keine weitere Beziehung zum Gesetzesbeschlusse mehr als die, daß er letztern abändern oder aufheben kann durch einen neuen

Beschluß. Solange aber dieser Beschluß als neues Ereignis nicht stattgefunden, ist der Wille des Gesetzgebers für die Geltung des Gesetzes völlig bedeutungslos. Man nimmt allerdings an, daß der Wille des Gesetzgebers fortwährend mit dem Inhalte des erlassenen Beschlusses einverstanden sei, ansonst er ihn ja ändern würde. Allein die Annahme eines fortwährenden Einverständnisses ist bloße Fiktion; tatsächlich hat der Gesetzgeber gewöhnlich mit neuen Aufgaben soviel zu tun, daß es ihm nicht möglich wäre, ein fortwährendes Einverstandenseinwollen mit frühern Gesetzen zu unterhalten. Zeigt sich Anlaß zur Abänderung früherer Gesetzesbeschlüsse, so wird das Nichtmehreinverstandensein erst zum wirkungsvollen Ereignis, wenn das Gesetz durch einen neuen Beschluß abgeändert wird.

13. Inhalt des Gesetzes.

Der Inhalt des Gesetzes besteht in der Darstellung eines Planes, was geschehen soll. Die Darstellung des Planmäßigen kann in der verschiedensten Form stattfinden, in der Form der Schilderung, Anordnung, Anweisung, Anleitung u. s. w. Irrig ist die Ansicht, daß der Inhalt des Gesetzes aus lauter Befehlen bestehe; diese Ansicht stützt sich darauf, daß nur ein Befehl die Befolgung bewirken könne. Der Befehl ist aber ohne Gehorsam so wirkungslos wie eine völlig indifferente und interesselose Schilderung zukünftigen Verhaltens, die ohne jede Beimischung eines Befehles oder auch nur eines Wunsches gegeben wird. Der Grund, warum der Gesetzesinhalt Wirkung, Geltung hat, liegt nicht im Gesetze selbst, sondern außerhalb desselben im Gehorsam, und dieser Gehorsam braucht nicht danach zu fragen, ob der Gesetzesinhalt aus eigentlichen Befehlen bestehe; der Inhalt des Gesetzes ist ihm, weil Gesetz, maßgebend. Die Motive des Gehorsams liegen anderswo als in dem Vorhandensein von Befehlen, nämlich in der von den Beamten übernommenen Verpflichtung, die Gesetze zu befolgen, in der Furcht vor Nachteilen bei Gesetzesübertretungen und in der moralischen oder vernünftigen Erwägung, daß die Befolgung des Gesetzes etwas Richtiges und Zweckmäßiges sei. Ein Gesetz kann also seinen Inhalt ohne jede Beimengung von direkten Befehlen halten, sich lediglich mit der Schilderung des zukünftigen Verhaltens der Bürger begnügen und doch Gesetz sein. Allerdings liegt im Inhalt des Gesetzes stets der Wille oder Wunsch des Gesetzgebers ausgesprochen, es solle so, wie geschildert, gehalten werden. Und in der Tat wollte ja auch der Gesetzgeber bei Erlaß des Gesetzes, daß es so gehalten wird, sonst würde er das Gesetz nicht erlassen haben.

Das Planmäßige des Gesetzesinhaltes kommt in zweifacher Weise zum Ausdrucke, zunächst als Schilderung feststehenden Verhaltens, feststehender Einrichtungen ohne Wenn und ohne Aber; das Gesetz schildert z. B. die Einrichtung der Organisation: an der Spitze steht ein Fürst, ein Präsident oder Direktorium, es besteht ein Parlament, ein oberster Gerichtshof u. s. w. Sodann kann das Planmäßige auf Eventualitäten zugeschnitten sein, auf Wenn und Aber. Das letztere ist der Fall namentlich bei der Justizgesetzgebung. Solche Anordnungen sind ähnlich den hypothetischen Urteilen (Zitelmann, Irrtum und Rechtsgeschäft S. 204), sind aber keine solchen; hypothetische Urteile sind für andere nur da, um geprüft, aber nicht um befolgt zu werden, sie richten sich nicht an andere, sondern sind bloß subjektive Wertschätzungen.

14. Kausalität des Rechtsgesetzes.

Die Schilderung, Anordnung, Anweisung, Anleitung im Gesetze ist kausales Verknüpfen. Würde man das Gesetz als aus lauter Imperativen zusammengesetzt betrachten, so ergäbe sich keine Kausalität;

die Befehle wären bloß bedingt. Die Annahme einer im Gesetze niedergelegten Kausalität entspricht aber so sehr der gewöhnlichen Auffassung, und die Anlehnung an das Naturgesetz liegt so nahe, daß wir den Inhalt des Rechtsgesetzes als Aufstellung eines Kausalnetzes bezeichnen können. Allemal, wenn etwas Bestimmtes geschieht, soll nach dem ausgesprochenen Willen des Gesetzgebers jenes geschehen, d. h. sich als Wirkung der Ursache gestalten. Der im Gesetz ausgesprochene Wille ist auf die Verknüpfung, auf die Folge einer festgelegten Voraussetzung gerichtet. Da der Rechtsgesetzgeber keine Verfügung über die Naturkräfte selbst hat, muß er bei der Verknüpfung von Ursache und Wirkung stets als Glied den menschlichen Willen, dessen Freiheit und Gehorsamsfähigkeit er voraussetzt, einschieben. Er kann deshalb einen menschlichen Willen mit einem naturgesetzlichen Ereignis verknüpfen, z. B. die Beerbung mit dem Tode, die Berufung auf Verjährung mit dem Zeitablaufe, Erwerb des Eigentums mit der alluvio oder avulsio ꝛc. Er kann auch eine Willenstat zur Ursache eines naturgesetzlichen Ereignisses stempeln, z. B. des Unterganges einer Sache. Diese Verknüpfung wird dann so innig gestaltet, daß die daraus sich ergebende Einheit mit dem hauptsächlichsten Merkmale der Handlung selbst bezeichnet wird: Totschlag, Beschädigung, Vernichtung, Brandstiftung, Beurkundung u. s. w. Sodann steht es dem Gesetzgeber natürlich völlig frei, eine menschliche Handlung zur Ursache eines andern menschlichen Verhaltens zu gestalten; die Mahnung bewirkt, daß der Schuldner zahlen soll, die Kündigung hat zur Folge, daß der Vermieter die Miete zu beenden hat, das Strafurteil hat zur Folge, daß die Organe dasselbe exequieren u. s. w.

Das Gesetz sieht Verbrechen und Vergehen als Glieder des Kausalnexus an. Die Verbrechen und Vergehen verstoßen dadurch nicht eigentlich gegen das Gesetz, sondern gegen den im Gesetze nicht zum Ausdruck gelangten Willen des Gesetzgebers. Letzterer ist in der Gestaltung des Kausalnexus nicht völlig frei, wie der Naturgesetzgeber, sondern muß mit der Tatsache rechnen, daß von ihm nicht gebilligte und nicht gewünschte Handlungen geschehen. Diese Handlungen fügt er deshalb in den gesetzlichen Nexus ein; er verfügt, daß, wenn die unerlaubte Handlung stattfindet, eine bestimmte Folge eintrete. Die unerlaubte Handlung ist danach nicht etwas Gesetzwidriges, wohl aber etwas, dem erkennbaren Willen des Gesetzgebers Widriges. Diese Behauptung ist nicht neu, sie ist zutreffend vom Standpunkte aus, der im Gesetze eine Festlegung einer Kausalität erblickt, nicht aber vom Standpunkte aus, der das Rechtsgesetz aus bloßen Befehlen bestehend ansieht. Die unerlaubte Handlung verletzt nicht das Gesetz, wenn das letztere sie als möglicherweise eintretend voraussieht und als Ausgangsglied einer Kausalkette hinstellt, allein sie verletzt die aus dem Gesetze selbst hevorleuchtenden, subjektiven Anforderungen des Gesetzgebers. Deshalb wird letzterer wohl eine unerlaubte Handlung zur Ursache einer Wirkung stempeln, nicht aber eine solche Handlung als Wirkung anderer Tatumstände feststellen. Wo eine Handlung, die sonst als unerlaubt dasteht, zur Wirkung gestaltet wird, verliert sie den Charakter des Unerlaubten und wird zur erlaubten (Notwehr, Notstand, erlaubte Selbsthilfe, erlaubte Gewaltanwendung 2c.).

15. Geltung des Gesetzes.

Das Gesetz selbst, als Willensprodukt, als Ereignis, hat keinen Willen. Wenn wir sagen, das Gesetz will, verlangt es so, so meinen wir, der Gesetzgeber habe seinerzeit den Willen ausgesprochen. Auch der Gesetzgeber will, wie ausgeführt, nicht fortwährend, er hat wieder anderes zu tun, neue Aufgaben zu bewältigen. Dagegen zeigt uns die Geltung des Gesetzes einen Willen, eine Kraft; die Geltung besteht in dem Gehorsame, in der Nachachtung und darin tritt eine

Kraft zutage. Das Gesetz ist allerdings eine, aber nicht die einzige Ursache dieser Geltungskraft. Das Vorhandensein des Gesetzes bildet das Motiv zur Befolgung seines Inhaltes, aber nicht das einzige Motiv. Die weitern Motive sind, wie hervorgehoben, Pflichterfüllung, Interesse, Furcht vor Nachteilen, moralische und vernünftige Erwägungen. Das Gesetz vermag, weil es nicht Wille oder Kraft ist, auch keinen Zwang auszuüben; der Zwang oder die Erzwingbarkeit ist weder eine aktive, noch passive Eigenschaft des Gesetzes. Kraft und damit Zwang ergibt sich nur aus der Befolgung; dadurch, daß die Befolgenden die im Gesetze vorgesehenen Handlungen ausüben, kann etwas Zwangsweises gegenüber andern Menschen zutage treten. Man sieht, daß Beamte, namentlich Polizeibeamte Zwang ausüben; dieser Zwang ist aber nur mittelbarer Ausfluß des Gesetzes. Es wird auch nicht das Gesetz selbst erzwungen, sondern etwas, das vom Gesetze angeordnet ist. Der Zwang ist vom Gesetze unter bestimmten Voraussetzungen vorgesehen, ist also eine, aber nicht die einzige Art der Befolgung des Gesetzes.

Den Inhalt von Rechtsgesetzen, welche gelten, nennen wir Recht. Das Recht hat also zwei Momente, das Gesetzmäßige (die Satzung) und die Befolgung. Während sich der Wille des Gesetzgebers mit dem Gesetztsein vorläufig erschöpft hat, beginnt erst die Geltung durch den Willen derjenigen, an welche sich das Gesetz richtet. Die Kraft, welche das Gesetz ausübt, ist also nur scheinbar vom Gesetze ausgehend, sie geht vielmehr aus von den Menschen, welche aus bestimmten Veranlassungen, wozu die Tatsache des Gesetzes nicht einzig gehört, die Willensäußerungen gemäß dem Gesetze vornehmen. In den Willensäußerungen der Handlungen und auch in gewissen Zurückhaltungen (Unterlassungen) des Befolgenden liegt die Kraftäußerung, welche wir geneigt sind, dem Gesetze selbst zuzuschreiben. Die tatsächliche Befolgung des Gesetzes ist die Geltung des Gesetzes. Wie wir die Naturgesetze nicht nur für die Vergangenheit und die Gegen=

wart, sondern auch für die Zukunft, die uns verschlossen ist, als geltende bezeichnen, weil wir gemäß unserer Erfahrung sicher sind, daß sie von der Materie auch in Zukunft unwandelbar befolgt werden, so können wir auch die Rechtsgesetze als geltende ansehen, wenn wir die Überzeugung haben, daß sie, wenn auch nicht mit der Genauigkeit und Unwandelbarkeit wie die Naturgesetze, befolgt werden. Die Geltung ist also teils die Tatsache, daß die Gesetze beobachtet werden, teils ein Urteil, das Aussprechen der Überzeugung von der zukünftigen, gleichmäßigen Befolgung. Das Rechtsgesetz hat seine Existenz nur im Wissen der Menschen; ohne das Bewußtsein der Menschen lebt es nicht, ist es unmöglich, während die Existenz der Naturgesetze gemäß unserer empirischen Überzeugung besteht, abgesehen von unserm Bewußtsein. Das Recht hat also eine innere und eine äußere Seite. Nur das Bewußtsein von Rechtsregeln ist noch kein Recht; erst die Geltung dieser Rechtsregeln, die Positivität bewirkt das Recht. Die tatsächliche Befolgung des Rechts können wir empirisch beobachten; wir können aus den Handlungen und Unterlassungen die Gesetze, nach welchen sie erfolgen, erforschen, wie wir aus den Kraftäußerungen der Materie auf den Inhalt der Naturgesetze schließen können. Im Gegensatz aber zu den Naturgesetzen, zu deren Kenntnis wir nur durch Schlußfolgerungen gelangen können, ist der Inhalt der Rechtsgesetze unmittelbar mitteilungsfähig durch Wort und Schrift.

16. Recht und Macht.

Da die Kraft, welche in der Geltung des Gesetzes liegt, von den Befolgenden ausgeht, so ist das Gesetz nur solange Gesetz, als die Befolgung stattfindet. Ist die Befolgung nicht mehr gemäß dem Gesetze, so gilt dieses nur noch soweit, als die Befolgung mit ihm übereinstimmt. Was nicht übereinstimmt, folgt einem anderen Gesetze, welches das erstere ersetzt. Die Kraft des Handelns kann also ein Gesetz außer Geltung setzen, auch wenn der bisherige Gesetzgeber das Gesetz nicht aufhebt oder ändert. Es kann das Gesetz eines andern, nach dem bisherigen Gesetze unbefugten Gesetzgebers, dadurch Geltung erlangen, daß es befolgt wird. Man drückt diesen Gedanken brutal so aus, Macht gehe vor Recht. Die Nichtbeachtung oder Umgehung des bisherigen Gesetzes durch einzelne Handlungen und Unterlassungen produzieren noch kein Recht; sie sind gegen das Gesetz, unrechtmäßig. Wird aber die Nichtbeachtung des bisherigen Rechts und die Befolgung eines andern, von einem Usurpator ausgesprochenen Satzes zur Regel, erhält sie diejenige Regelmäßigkeit, welche wir als spezifisches Merkmal der Geltung kennen, so gilt der neue Satz als Gesetz und der alte Satz verliert seine Wirkung. Es findet eine Unterbrechung der Kontinuität des Gesetzmäßigen statt, ein unvermittelter Übergang von einem Gesetzessatz zu einem neuen, wie wir es bei Revolutionen, Umwälzungen, Staatsstreichen, Eroberungen u. s. w. sehen; allein der neue Satz, der befolgt wird, ist so gut Gesetzessatz als der alte zur Zeit, als er noch befolgt wurde. In diesem Sinne schafft die Kraft als Macht der Tatsachen die Geltung neuer Gesetzes- oder Rechtssätze. Die Legitimität ist kein Erfordernis des Gesetzes; Gesetz und Recht ist dasjenige, was befolgt wird.

III. Die Empirie des Naturgesetzlichen.

17. Einheiten.

Die sinnliche Wahrnehmung unserer Umgebung wird dadurch bewirkt, daß die Kraft der Materie naturgesetzlich unsere Sinnesorgane reizt. Der Reiz geschieht also durch die Kraft der Materie, nicht durch die Materie selbst. Unsere Wahrnehmungen sind also, strenge genommen, Wahrnehmungen gesetzmäßiger Kräfte.

Indem die Naturkraft die Materie in bestimmten Formen zusammenfaßt, unterscheiden wir Körper. So ist z. B. ein Kieselstein eine durch Naturkräfte zusammengefaßte Materie. Durch die Kohäsion werden die Atome zu einer Einheit, zu einem Ganzen verbunden. Eine Billardkugel z. B. zeigt uns zusammenhängendes Material sowohl für das Auge, als auch für den Tastsinn. Zusammenhängend ist das Material gemäß Naturgesetzen. Das zusammenhängende Material grenzt sich ferner gemäß unserer Wahrnehmung ganz genau ab gegenüber der umgebenden Luft, gegenüber dem Billardtuche, gegenüber den andern Billardkugeln. Die Einheit der Billardkugel, die ihre Unterscheidung nach außen kehrt, während sie im Innern einen gesetzesmäßigen Zusammenhang aufweist, existiert gemäß unserer Wahrnehmung, sie ist eine wirkliche. Aber nicht bloß die anorganischen, sondern auch die organischen Körper sind Einheiten, bestehend aus unendlich vielen Teilen, die durch den Willen der Materie zusammengefaßt und nach außen als eine Einheit dargestellt werden. Solche Einheiten nehmen wir wahr, auch wenn die Zusammenfassung nur eine lose und die Unterscheidung nach außen keine durchgreifende ist, z. B. ein See, ein Fluß, eine Insel u. s. w.

18. Verhältnis der Einheit.

Die Einheit, das Ganze eines Gegenstandes wird also gebildet durch das Gesetzmäßige, welches verbindet und dadurch alles übrige Unverbundene ausschließt; das Ganze hebt sich so gegenüber anderem (Gleichartigem oder nicht Gleichartigem) ab, kehrt seine Unterscheidung nach außen. Die Einheit zeigt sich nach außen, nie nach innen; sie besteht nicht gegenüber den Bestandteilen. Die Einheit kommt nicht zum Ausdrucke bei der bloß innern Betrachtung; das Ganze kann sich nicht abheben gegenüber seinen Teilen. Ein Verhältnis des Ganzen zum Teile ist nicht denkbar; der Mensch z. B. steht als Ganzes nicht in Beziehung zu seinem Kopfe, zu den Armen rc. Wo scheinbar das Ganze sich mit seinen Teilen in Beziehung setzt, ist es immer das Ganze minus dieser Teile. Der Mensch geht, reitet, ißt, spricht, atmet, arbeitet rc., allein nicht der Mensch bereitet das Blut, treibt es durch die Arterien u. s. w., sondern die Organe des Menschen tun dies. Im Innern der Einheit sehen wir also bloß die gesetzmäßig harmonierende Vielheit der Teile; in dieser Vielheit, d. h. im Innern kommt die Einheit nicht zum Ausdrucke; nach außen, in Hinblick auf anderes bemerken wir die Einheit.

19. Identität der Einheit.

Die Einheit scheidet sich aus von allem übrigen. Diese Ausscheidung kann andauern; wir nehmen dann an, die Einheit sei auch später die gleiche wie früher, trotzdem Veränderungen in dem Gegenstande stattgefunden und trotzdem das Äußere desselben im Verlaufe der Zeit Abweichungen zeigt. Die Billardkugel ist die nämliche, auch wenn sie sich abnützt, auch wenn sich ihre Struktur, ihre Elastizität mit zunehmenden Alter ändert, auch wenn sie ihre Farbe verliert, Risse bekommt u. s. w. Erst wenn die Kugel auseinanderfällt, zerstört ist, hört das Beharrliche auf. Der Apfelbaum, den mein Vater im Garten gepflanzt hat, erscheint mir jetzt noch als der nämliche, obschon er größer geworden ist, alte Äste verloren, neue Äste angesetzt hat, ja, obgleich von ihm kein Atom mehr von früher her enthalten ist. Auch der Mensch ändert sich von der Geburt bis zum Tode. Die Naturwissenschaft lehrt uns, daß die Stoffe des Menschen von Jahrzehnt zu Jahrzehnt völlig wechseln und doch erkennen wir immer den nämlichen Menschen, der Greis ist identisch mit dem Menschen als Kind. Es frägt sich, ob wir diese Identität den Gegenständen nur andichten oder ob die Empirie uns dazu nötigt. Das letztere ist der Fall; aber nicht deshalb, weil in den Gegenständen eine dauernde Substanz, ein Wirklichkeitskern läge, der trotz Wechsel der Akzedentien sich gleich bleibt. Das Gesetzmäßige im Gegenstande, das gesetzliche Zusammenfassen der Teile und Ausscheiden von allem übrigen ist das gleiche geblieben und bringt die Kontinuität hervor.

Es kann sich unserer Wahrnehmung auch ein naturgemäßer Zustand oder Vorgang darstellen, der zwar mit der Materie im Zusammenhange steht, sich aber doch davon abhebt. So können wir ein Ereignis, das wir von der Kette der voraufgehenden und nachherigen Ereignisse loslösen und zur Unterscheidung nach außen, zu übrigen Ereignissen oder Tatsachen bringen, als Einheit bezeichnen, z. B. eine Überschwemmung, eine Explosion, ein Sonnenuntergang u. s. w. Wir können auch naturgesetzliche Eigenschaften und Merkmale von einem Körper abheben und für sich als Einheit betrachten, z. B. Farbe, Blässe, Härte, Schärfe, Bösartigkeit u. s. w.

20. Gegenstände und Subjekte.

Wenn wir die körperlichen Einheiten in Beziehung zu andern Gegenständen setzen, können wir folgende Einteilung machen. Es gibt Einheiten, welche auf andere nur dadurch einwirken, daß sie selbst von außen eine naturgesetzliche Einwirkung erhalten haben, die sich fortpflanzt. Wir sehen dabei ab von den chemischen Kräften und betrachten nur die mechanischen Einwirkungen. Die Billardkugel wirkt nur dann auf eine andere Kugel oder einen andern Gegenstand ein, wenn sie selbst einen Stoß von außen erhalten hat. Wir haben dagegen körperliche Einheiten, welche, wenigstens scheinbar, lediglich durch eine im Innern wirkende Kraft auf andere Gegenstände einwirken. Es sind dies die organischen Körper, welche durch den im Innern sich entwickelnden Willen nach außen handelnd und wirkend auftreten. Wir sprechen hier von einer Spontaneität, von einem sich äußernden Willen, wie er namentlich beim Menschen zutage tritt. Freilich ist diese vulgäre Auffassung genau genommen nicht richtig, indem auch der animalische Wille einer von außen herrührenden Determination unterliegt. Allein für die gewöhnliche empirische Betrachtung und unsere gesamte Auffassung ist diese Unterscheidung grundlegend. Die Gegenstände sind danach leblose Körper, wohin auch die niedern Organismen ohne bewußten Willen gerechnet werden oder lebende Körper mit bewußtem Willen. Die letzteren werden als eigenartige Ausgangspunkte von Bewegungen betrachtet; sie erscheinen als Ursachen selbst durch ihren Willen, wir können sie als Subjekte bezeichnen; ihre Äußerungen haben etwas Subjektives, das sie über die nicht willensfähigen Körper, als bloßen Gegenständen erhebt.

IV. Empirie des Rechtsgesetzlichen.

21. Einheiten infolge menschlicher Gesetze.

Die Wahrnehmung eines Gegenstandes als Einheit, als des nach außen abgeschlossenen Ganzen beruht darauf, daß nach naturgesetzlicher Notwendigkeit die einzelnen Teile, Atome oder Zellen zusammengehalten und verbunden werden, während das übrige von dieser Verbindung ausgeschlossen ist. Es frägt sich, ob auch die menschlichen Gesetze und nicht bloß die Naturgesetze Einheiten hervorzubringen vermöchten. Es wäre das so zu denken, daß an und für sich materielle Gegenstände durch die ihnen gesetzmäßig auferlegte Notwendigkeit zusammengehören und in der Verbindung nach außen eine

Einheit darstellen. Nehmen wir z. B. an, ein Kartenspiel sei auf dem Tische verstreut neben andern Gegenständen. Es besteht keine naturgesetzliche, wohl aber eine menschgesetzliche Notwendigkeit, daß diese zerstreuten Karten eine Einheit bilden, nämlich für denjenigen, der die Gesetze dieses speziellen Kartenspieles kennt. Dieser Beobachter wird sofort sagen, das ist ein Kartenspiel, diese Karten gehören zusammen, bilden ein Ganzes, eine Einheit. Diese Einheit ist aber nicht, wie die naturgesetzliche, eine durch den Tast- und Gesichtssinn sofort und unmittelbar wahrnehmbare, sondern sie wird zum Teil durch frühere Wahrnehmungen vermittelt. Die Zusammenfassung der einzelnen Karten als eine Einheit (das Kartenspiel) beruht auf gewußten Gesetzen, die nicht durch die Natur gegeben, sondern frei erfunden sind. Dadurch aber, daß diese Gesetze gewußt und als solche anerkannt werden, haben sie eine relative allgemeine Gültigkeit. Existiert die Einheit, das Kartenspiel; ist letzteres wirklich, real, wie z. B. die Billardkugel? Man wird beide Fälle auseinanderhalten müssen; hier ist die gesetzmäßige Notwendigkeit der Einheitsbildung eine natürliche, dort eine erfundene; hier ist die Notwendigkeit eine sinnlich wahrnehmbare, dort eine gewußte, die sich auf frühere Wahrnehmungen stützt. Allein an der Existenz, an der Wirklichkeit, an der Realität im empirischen Sinne wird man nicht zweifeln können. Durch die verbreitete Anerkennung der allerdings erfundenen Anordnungen über das Kartenspiel ist etwas gegeben, das ebenfalls der Wahrnehmung des Beobachters zugänglich ist. Der letztere schöpft den gesetzlichen Zusammenhang der einzelnen Kartenblätter nicht aus seiner Phantasie, er erfindet sie nicht selbst, sondern hat sie kennen gelernt als etwas außer ihm Seiendes, unabhängig von seiner Gedankenwelt Gültiges und Wirkendes. Immerhin ist die Wirklichkeit eines Kartenspieles nicht auf eine Stufe zu stellen mit der Wirklichkeit einer Billardkugel; hier körperliche, dort unkörperliche Einheit; hier völlig und gleichzeitig den Sinnen sich aufdrängende Wirklichkeit, dort Wirklichkeit, die teils wahrgenommen, teils aus der Erinnerung her ergänzend beigezogen wird.

22. Der menschliche Verband.

Eine Einheit, bestehend aus Menschen, die durch menschliche Gesetze und zwar Rechtsgesetze in einen Zusammenhang gebracht und deshalb in die Notwendigkeit des Verbundenseins gesetzt werden, ist der menschliche Verband. Es liegt also keine naturgesetzliche Kohärenz der Mitglieder des Verbandes vor, sondern eine Verbindnng, deren Planmäßiges sich an den Willen des Mitgliedes richtet und von diesem verlangt, daß er sich als Zugehöriges betrachtet. Haben die Gesetze, welche den Zusammenhang vorsehen, Gültigkeit, werden sie, wenigstens im großen und ganzen beobachtet, so ist die Verbindung eine wirkliche, der Beobachtung zugängliche. Der Beobachter kann sich die Kenntnis der Gesetze erschließen und durch verschiedene Wahrnehmungen sich ein Urteil über die Geltung und deren Umfang bilden. Die Zusammenfassung der bestimmten Menschen zu einer Einheit und Abgrenzung dieser Einheit gegenüber andern Verbänden, Subjekten und Gegenständen, beruht zwar nicht auf einer naturgesetzlichen Notwendigkeit, wohl aber auf einer Nötigung geltender Rechtsgesetze. Die Verbindung der Menschen, welche das Rechtsgesetz ausübt, ist nicht eine Verbindung der Körper der Mitglieder, sondern des Willens derselben. Das Rechtsgesetz geht vom Willen der Menschen aus und wendet sich an den Willen der Menschen. Der Wille und, weil dieser vom Leibe unlösbar ist, mittelbar auch der Leib sollen gebunden werden an das Rechtsgesetz. Würde das Rechtsgesetz die Totalität des menschlichen Willens in Anspruch nehmen, so läge für den Menschen keine Bewegungsfreiheit mehr vor, sich außerhalb des Verbandes zu betätigen. Die Anspruchnahme des Willens durch das

Rechtsgesetz ist aber keine totale, keine so ausschließliche, daß der Mensch nur einem Verbande angehören könnte. Den weitesten Anspruch auf den Willen des Einzelnen machen die staatlichen Gesetze. „Der Staat — so schreibt Adam Müller in seinen Elementen der Staatskunst (Tl. I, 1809, S. 66 ff.) — ist die Totalität der menschlichen Angelegenheiten, ihre Verbindung zu einem lebendigen Ganzen; schneiden wir auch nur den unbedeutendsten Teil des menschlichen Wesens aus diesem Zusammenhange für immer heraus, trennen wir den menschlichen Charakter auch nur an irgend einer Stelle von dem bürgerlichen: so können wir den Staat als Lebenserscheinung oder als Idee nicht mehr empfinden." Allein auch das staatliche Gesetz verfährt nicht derart ausschließlich, daß der Bürger nicht seinen Willen auch noch in anderen Verbindungen zu betätigen vermöchte. Ja, es ist möglich, daß jemand zwei von einander ganz unabhängigen Staatsverbänden angehören kann.

23. Realität des Verbandes.

Das Rechtsgesetz selbst lebt zwar nur in und mit dem Bewußtsein, sein Dasein liegt im Wissen; allein es hat seine Existenz außerhalb des unbeteiligten Beobachters; letzterer lernt das Gesetz und die Befolgung kennen als etwas, unabhängig von seiner Gedankenwelt Gültiges und Wirkendes. Ich habe die Einheit des menschlichen Verbandes, den wir als Staat bezeichnen, Realität der Innenwelt genannt (Annalen des Deutschen Reichs 1903, S. 65), indem ich hervorheben wollte, daß das Gesetzmäßige der Verbindung sein Dasein nicht, wie das Naturgesetzmäßige, in der äußern Natur, sondern bloß im Wissen hat, daß das Verbindende somit geistiger Natur ist und sich an das Innere, den Willen des Einzelnen wendet. Dieser Ausdruck, Realität der Innenwelt ist aber mißverständlich; man kann ihn sogar als widerspruchsvoll bezeichnen, indem man unter Realität im empirischen Sinne etwas außer dem Beobachtenden Liegendes, durch sinnliche Wahrnehmung in Erscheinung Tretendes versteht. Die Realität des menschlichen Verbandes besteht in der äußern Existenz der Mitglieder, bezw. des Willens derselben, der Existenz des verbindenden Gesetzes und der Geltung dieses Gesetzes; bloß ist die für den Beobachter vorhandene Außenexistenz des Rechtsgesetzes zugleich ausschließliche Innenexistenz bei den das Gesetz Wissenden und Befolgenden. Der menschliche Verband ist empirische Einheit mit voller Wirklichkeit und Realität. Er unterscheidet sich von körperlichen Gegenständen oder Subjekten nur dadurch, daß das Gesetzliche, das Zusammengehörige bei ihm rechtsgesetzlich, nicht naturgesetzlich ist. Rechtsgesetze haben aber, wie Naturgesetze, Wirklichkeit; ihr Inhalt und ihre Geltung ist Gegenstand der sinnlichen Wahrnehmung wie Inhalt und Geltung der Naturgesetze. Bei den körperlichen Gegenständen oder Subjekten findet die sinnliche Erfassung der Einheit auf einmal und gleichzeitig statt; bei den menschlichen Verbänden ist sie eine sukzessive oder eine hauptsächlich auf dem Wissen von Wahrnehmungen anderer beruhende. Allein die Erschwerung der sinnlichen Erfassung einer Einheit treffen wir auch bei körperlichen Einheiten. Das Sonnensystem z. B. ist eine Einheit, beruhend auf naturgesetzlichem Zusammenhange; diese Einheit besteht nicht etwa bloß in einer subjektiven Kombination, sondern sie ist für jeden Beobachter da, und doch können wir das Naturgesetzliche oder Körperliche des Zusammenhanges nicht mit einem Blicke übersehen, sondern müssen die Wahrnehmungen anderer, das Wissen zu Hilfe nehmen, um diese empirische Einheit zu erfassen. Wir stellen also die menschlichen Verbände in den Gegensatz zu den körperlichen Gegenständen oder Subjekten und unterscheiden demnach zwischen körperlichen und unkörperlichen Einheiten. Die Bezeichnung der unkörperlichen Einheiten als geistige im Gegensatz zu den leiblichen Einheiten wäre deshalb nicht glücklich gewählt, weil man dann die

Annahme hervorrufen könnte, es handle sich lediglich um ein freies Erzeugnis der Reflexion oder Kombination, das auch anders gestaltet werden könnte. Bei der Einheit des menschlichen Verbandes handelt es sich aber nicht um Freiheit geistiger Gestaltung, sondern um äußere Notwendigkeit des Erfassens der Einheit. Die Einheit des menschlichen Verbandes besteht außer dem Beobachtenden und unabhängig von ihm, sie ist empirisch gegeben für jedermann, der seine Wahrnehmungen oder Beobachtungen dahin richtet, gleich wie die Einheit eines Körpers gegeben ist für jeden Wahrnehmenden und Beobachtenden. Allerdings ist es ein geistiger Vorgang, der die Einheit zusammensetzt und von dem übrigen abhebt; dieser geistige Vorgang ist aber der nämliche bei der Erfassung der körperlichen wie unkörperlichen Einheiten. Dabei sind wir, wenigstens vom empirischen Standpunkte aus, überzeugt, daß wir die Einheit in uns nicht selbst gebildet, sondern bloß erfaßt haben; daß die Einheit außer uns und unabhängig vom Beobachtenden besteht. — Gänzlich verfehlt ist es, die Einheit des menschlichen Verbandes als Ergebnis bloß juristischer Reflexion, als ein Produkt juristischer Technik zu betrachten.

24. Spielraum der Verbandseinheit.

Die Einheit des menschlichen Verbandes setzt sich in Gegensatz zu andern Verbänden, andern Subjekten und Gegenständen. Die Einheit wird dadurch gebildet, daß etwas, das nur Teile darstellen würde, gesetzmäßig zusammengefaßt erscheint und seine Unterscheidung nach außen kehrt, sich zu anderm verhält. Die Einheit stellt sich also allem andern gegenüber, das in ihr nicht zusammengefaßt ist. Die Einheit ergibt sich nur in der Betrachtung nach außen, nicht nach innen hin. Im Innern besteht nicht eine Einheit, sondern ein gesetzmäßiges Nebeneinandersein, eine Harmonie der Teile. Im Innern besteht Vielheit, nur nach außen Einheit. Das Ganze, die Einheit kann nicht mit den Teilen verkehren, sich nicht in ein Verhältnis zu letztern setzen; das Ganze kann nur mit anderem verkehren, das ihm nicht angehört. Die Einheit gelangt nur zum Ausdrucke im Verhältnis zu seinesgleichem oder anderem. Sowenig die Billardkugel in Beziehung gesetzt werden kann zu irgend einem Teile derselben, so wenig kann der menschliche Verband als solcher in Beziehung gesetzt werden zu den Mitgliedern.

25. Die Organisation.

Das Zusammenfassen der Menschen zum Verbande, der durch Gesetz bewirkt wird, entsteht unmittelbar dadurch, daß die Verbandsgesetze Zwecke verfolgen, die im Schutze gegenseitiger und gemeinsamer Interessen liegen. Die Pflege gegenseitiger Interessen bedingt das innere, die Pflege gemeinsamer Interessen das äußere Leben des Verbandes. Behufs Erzielung beider Zwecke, muß der planmäßige Inhalt zunächst einzelne Mitglieder oder Gruppen von solchen vorsehen, welche das Planmäßige maßgebend für die übrigen durchführen und ausbilden. Wir haben dann die Erscheinung, daß Teile auf andere einwirken, wie die Organe des menschlichen Organismus auf andere Organe und die Zellen einwirken. Man hat deshalb auch diejenigen Mitglieder und Gruppen von solchen, welche bestimmte Funktionen ausüben als Organe bezeichnet. Der Verband ist organisiert; nur ein organisierter Verband ist überhaupt möglich.

26. Innerer und äußerer Wille.

Der Mensch zeigt ein Innenleben und ein Außenleben. Das Innenleben, seine Vegetation wird von den Organen geleitet und durch einen unbewußten Willen besorgt; das gesamte Außenleben wird durch einen bewußten Willen geleitet. Die Einrichtung, daß das gesamte innere vegetative Leben von einem unbewußten Willen geleitet wird, ist zweckmäßig; wir brauchen nicht ständig unsere Aufmerksamkeit auf unsere innern Vorgänge zu leiten, sondern können die volle Kraft unseres bewußten Willens für den Kampf ums Dasein zur Verwendung bringen. Der menschliche Verband weist ebenfalls Organe auf; diese sind aber gemäß menschlichen Gesetzen tätig und zwar bewußt tätig. Während beim menschlichen Organismus der innere Wille unbewußt und nur der äußere Wille bewußt ist, haben wir beim menschlichen Verbande einen bewußten Organwillen nicht bloß im Verkehr nach außen, in dem Inbeziehungtreten des Verbandes mit Andern, nicht dem Verbande Angehörenden, sondern auch im Innern des Verbandes. Das Organ des Menschen, das die Beziehung nach außen vermittelt, ist das Gehirn. Der bewußte für den Verkehr mit andern bestimmte Wille des Menschen ist nicht im ganzen Leibe lokalisiert und doch sind die Willensäußerungen des Gehirns für den ganzen Leib maßgebend. Naturgesetzlich verbindet der bewußte menschliche Wille alle Organe und Glieder, weil alle Organe und Glieder gesetzmäßig der Willensäußerung des Gehirns folgen. Man kann nicht sagen, die Arme, die Beine, das Haupt können nichts dafür, was das Gehirn beschließt; alles übrige außer dem Willensorgane ist gesetzlich so mit letzterem verknüpft, daß die Willensäußerungen als vom ganzen Leibe ausgehend gelten. Gleich verhält es sich mit den Willensäußerungen des menschlichen Verbandes nach außen. Im Verbande gibt es, gleich wie im Menschen das Gehirn, ein Organ, dessen Willensäußerungen nach außen als vom Verbande selbst ausgehend, angesehen werden müssen. Dasjenige Organ des menschlichen Verbandes, das nach den Rechtsgesetzen berufen erscheint, durch Willensäußerungen sich selbst und alle übrigen Teile des Verbandes, also das Ganze, die Einheit zu verpflichten, steht im Verkehr mit andern Subjekten als das Willensorgan des Ganzen da, dessen Äußerungen als solche des Ganzen gelten, gleichwie die Äußerungen des menschlichen Willensorganes als solche des ganzen Leibes angesehen werden. Es beruht diese Auffassung nicht auf einer Fiktion oder gedanklichen Verschiebung (wie ich mich in den Annalen des Deutschen Reichs, 1903 S. 66 ausdrückte), sondern sie ist gesetzlich, naturgesetzlich oder rechtsgesetzlich, begründet. Die maßgebenden Willensorgane des Verbandes, die in dieser Eigenschaft nach außen handelnd auftreten, üben also Funktionen aus, die als Funktion des Gesamten gelten, sie sind nicht etwa bevollmächtigte Stellvertreter des Ganzen, sowenig als das Gehirn Stellvertreter des ganzen Menschen ist. Wie aber der Mensch Stellvertreter haben kann, so können auch die menschlichen Verbände durch Stellvertreter handeln. Ob das eine oder andere, Funktionsäußerung oder Stellvertretung im einzelnen Falle vorliegt, ist nicht schwierig zu unterscheiden. Der Wille des Verbandes als Einheit kann nur Wille nach außen, im Verkehr mit andern Einheiten, bezw. Subjekten sein; im Innern gibt es keinen Willen der Einheit (weil die Einheit im Innern nicht mit den Teilen verkehren kann), sondern nur Wille der Organe, der sich an andere Organe oder an die Mitglieder richtet. Es verhält sich hier gleich wie beim Menschen; der sich nach außen in Verbindung setzende, bewußte Wille ist Wille des Menschen als Einheit, als Subjekt; der im Innern auftretende (unbewußte) Wille ist solcher der einzelnen Organe, Nerven und Zellen. Dadurch, daß der Verband einen Willen nach außen, einen Verbandswillen abgeben kann, erscheint der menschliche Verband der äußeren Betrachtung stets als Subjekt, nicht als Gegenstand.

27. Keine Einheit im Innern.

Sowenig bei den körperlichen Sachen oder bei den körperlichen (leiblichen) Organismen, die Einheit oder das Ganze mit den Teilen in Beziehung tritt, oder im Innern des Körpers eine Rolle spielt, zum Ausdrucke kommt, ebensowenig ist es denkbar, daß die Einheit des menschlichen Verbandes im Innern des Verbandes zur Geltung gelangt. Es ist eine reine Fiktion, die absolut keinen Wert hat, wenn man im Innern des Verbandes eine Einheit als bestehend annimmt. Diese Einheit im Innern kann unmöglich das Ganze sein, weil das Ganze im Innern nicht Spielraum findet; es ist deshalb nur möglich, eine fingierte Einheit im Innern, als ein Individuum neben den übrigen Individuen zu denken. Wir hätten dann aber eben zwei Einheiten, die sich nach außen kehrende Einheit, das Ganze, und die innere Einheit als etwas Einzelnes, als ein Teil des Ganzen. Daß diese doppelte Auffassung des Verbandes zu irrigen Konstruktionen führen und die einfache und natürliche Auffassung verwirren muß, liegt auf der Hand. Im Innern des Verbandes haben wir gesetzmäßig harmonierende Teile, also Vieles, nach außen nur Eins. Die Teile des Verbandes selbst stellen sich vom Standpunkte der innern Betrachtung aus ebenfalls wieder als Einheiten, als Subjekte dar, die durch den gesetzlichen Zusammenhang, in welchem sie zueinander stehen, ihre Individualität nicht verlieren. Organe, die aus mehreren Menschen zusammengesetzt sind, bilden, weil die Menschen in einem besondern gesetzlichen Zusammenhange zueinander stehen, wieder besondere Verbände, Einheiten, Subjekte, die gemäß dem im Verbande herrschenden Gesetze auch als solche angesehen werden. Im Innern des Verbandes haben wir also eine Mehrheit von Subjekten, die auf einander nach Gesetz einwirken und nach außen haben wir ein Subjekt, eine Einheit, das Ganze, gebildet aus dem Vorhandensein der Verbindung einer Mehrzahl von Subjekten.

28. Die Persönlichkeit des Verbandes.

Der Rechtsgesetzgeber findet die Einheiten als Resultate empirischer Beobachtung bereits vor und nimmt zu ihnen Stellung, indem er die Verhältnisse der Einheiten, die als Subjekte erscheinen, zu einander ordnet. Durch die rechtsgesetzliche Anerkennung eines Subjektes, durch die Bestimmung, daß der Wille des Subjektes sich gesetzesgemäß zu verhalten hat, wird das Subjekt zum Rechtssubjekt, zur Persönlichkeit. Sowenig die Einheit und Subjektivität des Menschen Produkt des Rechtsgesetzes ist, ebensowenig ist die Einheit und Subjektivität der Verbände ein Ausfluß, eine Gestaltung des Rechtsgesetzes. Allerdings begründet das Rechtsgesetz die Zusammenfassung, die Verbindung mehrerer Menschen, wodurch ein Abschluß nach außen festgestellt und die Einheit bewirkt wird. Allein nicht das Rechtsgesetz selbst ist es, welches die Auffassung des Verbundenen als Einheit und Subjekt postuliert, sondern die gemeine, empirische Anschauung. Es ist dann allerdings wieder ein Rechtsgesetz, welches die Einheit des Verbandes, das Subjekt auszeichnet als rechtliches Subjekt oder Person. Wir haben deshalb zu unterscheiden das Rechtsgesetz, welches den Zusammenhang beim menschlichen Verbande begründet, das Verbindende bildet, welches zur empirischen Einheit führt und das Rechtsgesetz, welches die so gebildete Einheit, das Subjekt des menschlichen Verbandes vorfindet und zum Rechtssubjekte ausstattet. Das erste Rechtsgesetz ist dasjenige, das durch Zusammenfassung der Einzelnen den Verband bewirkt, das andere Rechtsgesetz ist das den Verband beherrschende Gesetz. Dabei ist es nicht ausgeschlossen, daß es auch das letztere Gesetz ist, welches in den Verband eindringt, und als Gesetz im Verbande wirkt. Nie aber ist das Subjekt des menschlichen Verbandes selbst eine rechtsgesetzliche Konstruktion. Das Gesetz wirkt teils im Innern des Subjektes, teils über dem Subjekte; zwischen beiden, dem Gesetze als Zusammenfasserin der Teile und dem Gesetze als Beherrscherin der Teile des Ganzen liegt das natürliche Erzeugnis der Einheit oder des Subjektes. Beim souveränen Staate zeigt sich die Auseinanderhaltung der Gesetze, welche die Teile zusammenhalten und so die empirische Betrachtung zur Annahme der Einheit und Subjektivität nötigen und des Gesetzes, welches das Subjekt des Staates als Rechtssubjekt, als Persönlichkeit gegenüber Seinesgleichen ausstattet, ganz genau. Die erstern Gesetze sind die Landesgesetze, die eigenen Verfassungsgesetze; das andere ist das Völkerrechtsgesetz. Das letztere hat mit der Entstehung der Staaten, mit der Betrachtung derselben als Subjekte gar nichts zu tun, sondern setzt das Vorhandensein der Staaten als zueinander in Verkehr tretender Subjekte voraus. Bei den Gemeinden und Verbänden im Staate können wir die rechtsgesetzlichen Vorschriften, welche das die Mitglieder Verbindende ausmachen und die rechtsgesetzlichen Vorschriften, welche die Verbände beherrschen und ihnen Rechtsfähigkeit verleihen, ebenfalls auseinanderhalten. Und wenn auch das den Verband, z. B. die Gemeinde beherrschende Gesetz in das Innere des Verbandes eindringt, und neben den eigenen autonomen Gesetzen im Verbande die Zusammenfassung der Mitglieder begründet, so ist es doch nicht dieses Gesetz selbst, welches die Einheit des Subjektes konstruiert und stempelt. Sowenig der Mensch als Subjekt eine Konstruktion des ihn beherrschenden Rechtsgesetzes ist, ebensowenig ist der Verband als Einheit und Subjekt ein Erzeugnis juristischer Technik.

29. Die Subjektivität der Kollegialorgane.

Bei den Kollegialorganen ist es das nämliche Gesetz, welches einerseits den Zusammenhang der Mitglieder des Kollegiums bewirkt und andererseits dem Kollegium als Einheit und Subjekt Kompetenzen, Befugnisse und Obliegenheiten verleiht und überbindet. Auch hier ist es aber nicht das Gesetz, welches die Einheit und das Subjekt des Kollegiums konstruiert, sondern das Subjekt ergibt sich empirisch. Die Vorstellung der Subjektivität der angeordneten Kollegialorgane hat der Gesetzgeber nicht deshalb, weil die Subjektivität von ihm selbst angeordnet ist, sondern weil sie sich von selbst aus der Betrachtung der Anordnungen über die Zusammensetzung der Organe ergibt. M. a. W., nicht der Gesetzgeber bewirkt die Einheit und das Subjekt der von ihm angeordneten Organe, sondern er gibt nur die Voraussetzungen, welche für die Beobachtung notgedrungen zur Einheit und Subjektivität führen. Die Subjektivität der Kollegialorgane ist nichts Künstliches, Gemachtes, sondern natürliches Ergebnis gemachter Voraussetzungen. An dieses Ergebnis knüpft dann der Gesetzgeber seine gesetzesmäßigen Anordnungen an, indem er das Subjekt des Kollegialorganes zum Rechtssubjekte erhebt und ausstattet. Diese Erhebung und Ausstattung als Rechtssubjekt ist dann wieder Produkt des Rechtsgesetzes selbst.

30. Die Kräfte im Verbande.

Im menschlichen Verbande bestehen die gesetzmäßigen Organe, deren Wille in dem vom Gesetze bestimmten Umfange für die Mitglieder maßgebend ist. Die Organe erhalten so ein Übergewicht, eine Überordnung über die gewöhnlichen Mitglieder; man spricht von einer Gewalt, Macht, Herrschaft oder Herrschaftsmacht, welche die Organe haben und ausüben. Sehen wir aber näher zu, worin die Gewalt bestehe, so zeigt es sich, daß diese Gewalt oder Kraft nur scheinbar von den Organen ausgeht und daß, wie uns die empirische Betrachtung lehrt, eine Kraft nur in der Befolgung der von den Organen ausgehenden Anordnungen liegt. Bei der Anordnung erschöpft sich der Wille des anordnenden Organes in dem Anordnen und Beschließen; die ganze Kraft äußert sich lediglich in der Fassung des Beschlusses. Die Kraft, welche in der Durchführung der Anordnung zutage tritt, geht von den Befolgenden aus. Nur ganz untergeordnete Organe, etwa Polizeibedienstete, werden ihren Anordnungen noch Handlungen folgen lassen, welche auf die zwangsweise Befolgung der Anordnung gerichtet sind; bei diesen Polizeiorganen kommt deshalb auch körperliche Kraft in Berücksichtigung. Mit den Kräften im menschlichen Verbande verhält es sich somit, wie mit den Kräften im animalischen Körper, sie liegen nicht beim Willensorgane selbst, sondern in der Peripherie. Die zentrale Nervensubstanz löst bloß Kräfte aus, die in den Muskeln liegen; die Kraft der Bewegung ergibt sich dadurch, daß die Glieder den von der zentralen Nervensubstanz ausgehenden Anordnungen Folge leisten. So geht die Kraft, welche sich in der Tätigkeit des Herzens, der Leber, der Nieren äußert, von den Herzmuskeln ꝛc. aus, nicht von der zentralen Nervensubstanz. Letztere gibt nur die beständigen Anordnungen, Direktiven. Wir haben deshalb im tierischen Organismus nicht e i n e Kraft, eine einheitliche Kraftquelle, von wo aus die ganze Bewegung erfolgt wie bei einer Maschine, die von Dampf, Elektrizität ꝛc. betrieben wird. Die Kräfte sind vielmehr verteilt in die einzelnen Organe, Muskeln, Zellen; sie gehorchen aber den zentralen Anordnungen und so scheint es, daß die Kräfte vom Zentrum, nicht von der Peripherie ausgehen.

Wenn im menschlichen Verbande, wie etwa bei den Stämmen der Naturvölker, nur ein einziges Organ vorhanden ist, das Gesetzgeber, Richter und Verwalter in einer Person vereinigt, so haben wir die Erscheinung, daß die durch den Gehorsam der einzelnen Mitglieder zutage tretenden Kräfte sich auf die Person des Häuptlings richten. Der oberflächlichen Betrachtung erscheint der letztere als Inhaber einer Gewalt, einer Macht, während es tatsächlich lediglich Kräfte sind, die außerhalb von ihm liegen und bloß auf ihn reflektieren. Das würde sich zeigen, wenn durch irgend einen psychischen Vorgang der Gehorsam der Stammesangehörigen sich in Ungehorsam verwandelte. Durch die Verwandlung würde auf einmal die scheinbar vom Häuptling ausgehende Kraft aufhören, obgleich nicht er sich geändert hat, sondern lediglich seine Genossen sich geändert haben.

31. Insbesondere die sog. Staatsgewalt.

Im modernen Staate zielen die Kräfte der Bürger nach den verschiedensten Richtungen, je nach den verschiedenen Anordnungen; diese Kräfte sind nicht konstant, sie kreisen, treiben, wechseln beständig, wie die Kräfte im tierischen Körper. Eine völlig unrichtige Auffassung, hervorgerufen von der Lehre vom contrat social sieht im Staatsverbande drinnen eine Gewalt, die sog. Staatsgewalt, von welcher, als von dem Zentralpunkte aus sämtliche Kräfte der Verbandsorganisation ausstrahlen und sich auf Unterworfene, Untergebene richten. Dabei spielte der richtige Gedanken mit, daß beim menschlichen Verbande, wie beim natürlichen Organismus die Kraft nicht in einem Zentralpunkte, sondern in der Peripherie, bei den Gliedern liege; allein man beging den Fehler zu glauben, daß diese Kräfte von den Gliedern lösbar und zu einer Masse zusammentragbar seien. Durch diese mystische und der empirischen Betrachtung direkt widersprechende Anschauungsweise hat die Staatswissenschaft einen Gewinn nicht davongetragen. Der in sich widerspruchsvolle Begriff der Staatsgewalt, der in der heutigen staatsrechtlichen Literatur eine unbeschränkte Rolle spielt, hindert jedes richtige Eindringen in das Wesen des menschlichen Verbandes.

Was dazu beigetragen hat, den Begriff der Staatsgewalt, wie auch den Begriff des im Innern des Verbandes sich aufspielenden Verbandsubjektes zu fördern, ist das Bedürfnis, dem harmonischen Walten der Kräfte einen Ausdruck zu geben, der auf etwas Einheitliches zurückgreift. Einheit und Einheitlichkeit ist aber nicht das gleiche und es ist ein offenbarer Irrtum, die Harmonie der Kräfte anderswie zu begründen, als durch die Einheitlichkeit und den Zusammenhang alles Gesetzesmäßigen im menschlichen Verbande. So wie im tierischen Körper keine widerstreitenden, in sich widerspruchsvollen Gesetze walten können, so ist es auch im menschlichen Verbande nicht möglich, daß zwei Gesetze, die sich widersprechen, gleichzeitig Geltung haben. Es können sich allerdings innerhalb des Verbandes Kämpfe abspielen zwischen bisherigem Organischen und neu aufstrebendem Organischen (Revolutionen, Staatsstreiche rc.). Allein das sind nicht normale Zustände; sie sind vergleichbar mit den Vorgängen im bisher gesunden Körper, der krank wird oder mit einem bisher kranken Körper, der durch neuen Aufschwung das Krankhafte abstößt.

Alle Kräfte im menschlichen Verbande kommen von den Einzelnen; je stärker die Motive des Gehorsams sind, und je sicherer der letztere erscheint, desto kräftiger ist der Organismus. Schon aus dem rein indifferenten, passiven Verhalten der großen Masse strömt eine große Geltungskraft aus. Die Hauptkraft des Organismus ergibt sich aber aus dem getreuen Willen der untern Organe, der Beamten. Wenn wir von der Macht, Kraft, Herrschaft eines absoluten Fürsten sprechen, so müssen wir uns daran erinnern, daß hier nur das Widerspiel der vom Volk und den Beamten ausgehenden Kraft vorliegt. Es wäre denkbar (wenn auch erfahrungsgemäß ausgeschlossen), daß alle einzelnen, insbesondere die Beamten auf einmal anderer Ansicht würden und den Gehorsam versagten. Ohne jede Gewalterscheinung wäre dann die sog. Macht des absoluten Herrschers verloren und letzterer könnte mit seiner sog. Staatsgewalt auswandern.

Wenn wir vom Standpunkte der empirischen Betrachtung aus die Begriffe der Gewalt, Herrschaft, Herrschaftsmacht verwerfen, und an deren Stelle das Gesetzmäßige und seine tatsächliche Geltung (durch Befolgung des Gesetzes) setzen, so wollen wir andererseits nicht verkennen, daß für die politische Sprache solchen Bildern wie

Gewalt, Herrschaft und Macht eine Berechtigung nicht abgesprochen werden kann.

32. Über Verantwortlichkeit.

Die Rechtsgesetze gehen von Menschen aus und wenden sich an den Willen des Menschen, der sich im Sinne des Gesetzes betätigen und dieses zur Geltung bringen soll. Dabei muß der Gesetzgeber praktisch von der Freiheit des menschlichen Willens ausgehen; vom Standpunkte der Determination aus sind keine Rechtsgesetze möglich. Der Gesetzgeber verlangt ja, daß der einzelne seinen Willen dem Gesetze gemäß gestalte, setzt also die Freiheit voraus. Es ergibt sich aus der Erkenntnis der Determination des Willens ein gewisser Zwiespalt. Das Rechtsgesetz muß mit der Freiheit des Handelns rechnen; die Erkenntnis muß diese Freiheit im philosophischen Sinne leugnen. Es ist namentlich die Verantwortlichkeit, welche den denkenden Menschen beschäftigt und zu einer, das subjektive Empfinden befriedigenden Vermittlung drängt. Dabei ist es weniger die zivilrechtliche als die strafrechtliche Verantwortlichkeit, welche im Vordergrunde des Interesses steht. Unser ganzes Denken und Urteilen ist naturgesetzlich auf die Indetermination zugeschnitten. Die Erkenntnis der Starrheit des Kausalnexus auch auf dem Gebiete des organischen Lebens sollte uns verschlossen sein; unser Erkennen ist weiter fortgeschritten, als es im ursprünglichen Plane des Naturgesetzgebers lag. Wir müssen uns also bei Untersuchungen über den Zweck der Strafe auf dem vorgezeichneten Standpunkte der Freiheit des Willens stellen und von diesem Standpunkte aus ist die Strafe die gerechte Vergeltung für das begangene Übel. Diese Vergeltung kann der Rechtsgesetzgeber nicht umgehen, weil der Vergeltungstrieb im Menschen zu mächtig ist. Die Vergeltung hat nicht bloß die Aufgabe der Beruhigung des gereizten Gemütes, sondern auch die Bedeutung der Abschreckung. Beruhigung und Abschreckung sind aber nicht zwei Zwecke, sondern die Seiten eines und desselben Zweckes. Die Gerechtigkeit der Vergeltung beruht auf der Äußerung des Moraltriebes. Vergeltungstrieb und Moraltrieb stehen in engem Zusammenhange. Sowohl die Überschreitung des Vergeltungstriebes, die wir als Rachsucht bezeichnen, als auch die durch das Mitleid zurückgehaltene und damit ungenügende Sühne verletzen den Moraltrieb. Die gerechte Vergeltung wird auch vom Bestraften, sofern noch genügend Moralsinn vorhanden ist, als Sühne empfunden. Der Vergeltungstrieb hat naturgesetzlich eine praktische Bestimmung, d. h. er soll sich im Kreise der Verbandsgenossen betätigen. Es zeigt sich die Erscheinung, daß je weiter ein begangenes Verbrechen abliegt, desto geringer die Beunruhigung des Vergeltungstriebes ausfällt; je näher das Verbrechen engere Kreise berührt, desto gewaltiger regt sich der Vergeltungstrieb, weil es nach dem naturgesetzlichen Plane auch notwendiger wird, einzuschreiten. Es war als ein großer Fortschritt zu betrachten, daß der Rechtsgesetzgeber die Vergeltung aus der Hand des Verletzten, seiner Familie, seiner Verwandten und Volksgenossen nahm und sie in diejenige der staatlichen Organe legte im Interesse der Ruhe und Ordnung.

Es gibt Vergehen, welche den Moralsinn gar nicht berühren und welche eine Beunruhigung des Vergeltungstriebes nicht hervorrufen; es sind dies die meisten der sog. Polizeivergehen. Die Strafe hat hier nur Abschreckungszweck, d. h. den Zweck, den Bürger eindringlich zu belehren, was er zu tun und zu unterlassen habe.

Die Erkenntnis, daß die Handlungen des einzelnen nicht frei, sondern Produkt von Bedingungen sind, soll den Gesetzgeber veranlassen, bei der Strafgesetzgebung das möglichste Mitleid eintreten zu lassen, ein Mitleid, das bis zur äußersten Grenze gehen soll, wo darüber hinaus die Verletzung des gerechten Vergeltungstriebes beim Durchschnitt der Bevölkerung empfunden wird. Der Abschreckungszweck bedarf überhaupt keiner schweren Strafe; es genügt, daß eine

Handlung unter Strafe gestellt ist, um diejenigen, die sich überhaupt abschrecken lassen, von ihrem Beginnen abzuhalten. Wo der Moraltrieb schwach und andere Triebe übermächtig sind, hat die Abschreckung überhaupt keine Macht. Daß mit dem Vergeltungszwecke noch andere praktische Zwecke verbunden werden können und sollen, liegt vom humanitären Standpunkte aus nahe: Belehrung, Erziehung, Besserung. Andererseits kann der Strafzweck mit Rücksicht auf den staatlichen Ordnungszweck über die Vergeltung hinaus ausgedehnt werden zu dauerndem Schutze der Gesellschaft vor unverbesserlichen und gemeingefährlichen Verbrechern.

33. Kontinuität des Gesetzmäßigen.

Das Gesetzliche des menschlichen Verbandes weist eine Kontinuität auf. Wir betrachten den Verband als den nämlichen, obgleich die Mitglieder täglich wechseln, weil das ursprünglich Gesetzmäßige geblieben ist. So ist das jetzige Deutsche Reich identisch mit demjenigen zur Zeit seiner Entstehung, obgleich nur noch ein Bruchteil der ursprünglichen Bevölkerung vorhanden ist. Revolutionen, Staatsstreiche u. dgl. unterbrechen das Gesetzmäßige nur teilweise; im großen und ganzen wirkt das frühere Gesetzmäßige auch in diesen Fällen fort. Ausdehnungen und Verengerungen des Gesetzmäßigen durch Gebietszuwachs und -Verlust berühren die Kontinuität ebenfalls nicht. Die empirische Beobachtung der Fortdauer des Gesetzmäßigen im menschlichen Verbande bewirkt dessen Identität und Beharrlichkeit im historischen Verlaufe, trotz Wechsel der Teile. So ist das heutige Frankreich als Einheit, als Ganzes genommen, identisch mit dem Frankreich vor Hunderten von Jahren, obgleich im Innern verschiedene Umwälzungen und teilweise Durchbrechungen der Kontinuität des Gesetzmäßigen stattgefunden haben, obgleich neue Bevölkerungen durch das Gesetzmäßige mitumfaßt und aus demselben abgetrennt wurden. Wie die Billardkugel dieselbe bleibt, obschon Risse entstanden sind und die Struktur im Innern sich verändert hat, so bleibt ein Staat der nämliche, auch wenn er von der absoluten zur konstitutionellen Monarchie oder zur Republick übergegangen ist; selbst wenn diese Übergänge unvermittelt eingetreten sind.

Wie die Staaten oder menschlichen Verbände, so betrachten wir auch die Organe derselben, sofern keine totale Änderung eingetreten ist, als die nämlichen wie früher. So weist das englische Parlament eine Jahrhundert lange Dauer und Geschichte auf; die schweizerische Bundesversammlung ist die nämliche wie vor mehr als 50 Jahren, obgleich organisatorische Veränderungen stattgefunden. Der Deutsche Reichstag ist der nämliche wie zur Zeit seiner Entstehung, obgleich die Mitglieder völlig gewechselt haben und auch die Geschäftsordnung Änderungen erfuhr. Dagegen ist die schweizerische Tagsatzung untergegangen; zwischen ihr und dem Ständerat besteht keine gesetzmäßige Kontinuität.

34. Rechte und Verpflichtungen.

Die Rechtsgesetze fordern ein Verhalten der Menschen unter bestimmten Voraussetzungen. Ist das Verhalten nach allgemeiner Wertschätzung für das Subjekt ein angenehmes, lusterregendes, dem eigenen Interesse dienendes, so wird man es als ein berechtigtes bezeichnen; ist ein Verhalten, ebenfalls nach gewöhnlicher Taxierung, für das Subjekt ein nicht gerade angenehmes, lusterregendes, dem eigenen Interesse dienendes, sondern eine gewisse Selbstverleugnung forderndes, so spricht man von einem pflichtgemäßen Verhalten. Der Umstand, daß das von einem Subjekte ausgehende Verhalten ein berechtigtes oder pflichtmäßiges ist, verleiht dem Subjekte die Eigenschaft, das bestimmte Verhalten als berechtigtes oder pflichtgemäßes einzuschlagen. Die Eigenschaft des menschlichen Verhaltens wird also auf das verhaltende Subjekt in Bezug auf das Verhalten übertragen, man sagt das Subjekt sei berechtigt oder verpflichtet zu dem Verhalten. Endlich läßt sich die Eigenschaft des Berechtigt- oder Verpflichtetseins vom tragenden Subjekte ablösen und als Einheit, als Gegenstand behandeln, gleich wie wir naturgesetzliche Eigenschaften als Dinge, als Gegenstände erfassen. Wie wir statt: der Ofen ist heiß, das Messer ist scharf, der Mann ist zornig, sagen können: der Ofen hat Hitze, das Messer hat Schärfe, der Mann hat einen Zorn, so können wir statt des Ausdruckes: der Mensch ist berechtigt oder verpflichtet, uns der Redeweise bedienen: der Mensch hat eine Berechtigung oder eine Verpflichtung. Diese Einheit, welche wir mit Berechtigung (Befugnis, subjektives Recht, Kompetenz), oder Verpflichtung (Pflicht, Verbindlichkeit, Obliegenheit) bezeichnen, betrachten wir auch völlig von den gleichen Gesichtspunkten aus wie andere Gegenstände: die Rechte entstehen, verändern sich, gehen unter oder verloren, sie werden ausgeübt, übertragen, die Pflicht wird vernachlässigt, überbunden, sie erlischt, verwandelt sich rc. (Vgl. Zitelmann, Irrtum und Rechtsgeschäft, S. 202.)

Die Rechte und Pflichten kommen Subjekten zu, also grundsätzlich nur solchen Einheiten, denen ein Wille zugeschrieben werden kann, den Menschen, den als kollegiale Einheit auftretenden Verbandsorganen und den menschlichen Verbänden selbst, letztern aber nicht nach den eigenen Verbandsgesetzen, sondern nur nach den über den Verbänden herrschenden Gesetzen.

35. Die Vermögensrechte und die Verbandskasse.

Es ist nun aber auf eine Art von Rechten hinzuweisen, die einen ganz eigenen Charakter tragen. Es sind dies die mit dem

System der Privatwirtschaft im Zusammenhange stehenden geldwertigen Vermögensrechte und -Verbindlichkeiten. Das Eigentümliche dieser Rechte besteht darin, daß ihr Inhalt rein materieller Natur, ohne jede ethische oder ästhetische Beimischung ist. Allerdings können sich in der Geltendmachung sittliche Rücksichten geltend machen, allein der Inhalt dieser Rechte weist auf nichts anderes hin, als auf Geld oder Geldeswert; diese Rechte dienen dem menschlichen Hunger in weitestem Sinne. Das Verhalten bei diesen Rechten und Verpflichtungen erfordert ganz untergeordnete Willensakte, die in leichtester Weise vertreten werden können. Der Berechtigte braucht nicht einmal etwas von diesem Rechte zu wissen, es wird keinerlei natürliche oder geistige Eigenschaft verlangt; ein Kind, ein Wahnsinniger kann diese Rechte haben. Das Gesetz nimmt auch keine Rücksicht auf das wirkliche, eigene Interesse oder Bedürfnis. Der im Überfluß Schwelgende kann weitere solche Rechte erwerben, der Arme kann sie vollständig entbehren. Diese Rechte haben also das Eigentümliche, daß sie auf die Individualität des Berechtigten, auf seine geistige und körperliche Verfassung gar keine Rücksicht nehmen. Es ist deshalb denkbar, daß jemand solche Rechte hat, deren Effektuierung ihm selbst gar keinen Genuß bietet, sondern Dritten zugute kommt. Dieser Jemand braucht eigentlich gar kein Mensch zu sein, es könnte auch eine Sache, eine Einrichtung als Inhaber solcher Rechte gedacht werden. Und dieser Gedanke kommt in der Tat zum Ausdrucke. Eine Spielgesellschaft z. B. hat einen Sammelkasten und es ist durch Vereinsgesetz bestimmt, daß alle Gewinne in diese Kasse gehören; jedes Jahr wird dann aus dem Gelde ein Ausflug gemacht. Nach dem Vereinsgesetze gehören die Gewinne in die Kasse und es liegt die Auffassung nicht so fern, daß umgekehrt der Kasten Anspruch auf die Gewinne hat. Der Kasten, obgleich von Natur kein Subjekt, wird gedanklich dadurch zum Subjekte gestaltet, daß jemand, der Kassawart, für den Kasten sorgt, ihn vertritt, seine Ansprüche geltend macht. Die gesetzmäßige Verbindung eines lebloſen Gegenſtandes mit einem für ihn handelnden Vertreter, gibt dem Gegenſtande etwas Subjektmäßiges; ohne Fiktion, lediglich geſtützt auf die empiriſche Betrachtung des vereinsgeſetzlichen Zuſammenhanges des Kaſtens mit dem Vertreter ergibt ſich eine Art Subjektivität dieſer Vereinskaſſe. Dieſe Erſcheinung zeigt ſich bei allen Verbänden; wir nehmen ſtets eine Verbandskaſſe, einen Verbandsſäckel mit einem geſetzmäßigen Vertreter (Säckelmeiſter, bursarius) wahr. Dieſe Vereinskaſſe als Subjekt dargeſtellt, wird nun durch das Vereinsgeſetz geradezu zum Rechtsſubjekte in gewiſſem Umfange ausgezeichnet und ihr die Fähigkeit zuerkannt, Forderungen zu haben.

36. Der Fiskus.

Beim Staate iſt dieſe Vereinskaſſe der Staatsſäckel oder Fiskus. Dabei iſt es nur noch in ganz kleinen Staaten, wie etwa früher in den Ländern der Schweizeriſchen Eidgenoſſenſchaft der Fall, daß an der urſprünglichen Vorſtellung eines beſtimmten Kaſtens oder Sackes feſtgehalten wird. Bei größern Gemeinweſen wird unter der Staatskaſſe nicht mehr eine ganz beſtimmte körperliche Einrichtung vorgeſtellt, ſondern bloß das Vorhandenſein von, den jeweiligen Bedürfniſſen angepaßten Einrichtungen (Gebäude, Kaſſen, Bureaueinrichtungen, Buchhaltung und Bedienung). Der Tatſachenkomplex der Einrichtungen iſt die Einheit; dieſe erhält von dem Verbandsgeſetze die Rechtsfähigkeit auf dem Gebiete des Vermögensrechts und den oder die notwendigen Vertreter. Der Fiskus iſt alſo nicht eine bloße Fiktion, er iſt eine Einheit, gebildet aus geſetzmäßig verbundenen Tatſachen. Dieſe Einheit und die Auffaſſung derſelben als Subjekt iſt auch kein Produkt bloßer juriſtiſcher Konſtruktion, ſondern der gewöhnlichen empiriſchen Betrachtungsweiſe. Nur die Eigenſchaft der

Rechtsfähigkeit wird der, durch die gemeine Denkweise geschaffenen Einheit des Staatssäckels vom Vereinsgesetze beigelegt. Nicht ausgeschlossen ist, daß ein Verband mehrere Kassen hat, welchen diese Rechtsfähigkeit erteilt wird, z. B. eine Kriegskasse, eine Schulkasse (Schulfonds) ꝛc. Einen ähnlichen Gedankengang und die gleiche Konstruktion wie beim Fiskus weist auch die Stiftung auf, die wir aber hier nicht weiter berühren.

Der Fiskus hat nur ökonomische Rechte, also Forderungen, Eigentum und andere dingliche Rechte, sowie Verbindlichkeiten (Obligationen); er kann Grundeigentum erwerben, gegen die Einwohner klagend auftreten und von den einzelnen beklagt werden. Für ihn handeln stets die gesetzlichen Vertreter. Andere Rechte und Verpflichtungen können dem Fiskus nicht zuerkannt werden, namentlich nicht solche Rechte und Pflichten, deren Ausübung einen eigenen Willen voraussetzen, wie die politischen Rechte. Der Fiskus ist und bleibt nur vermögensrechtliches Subjekt. Er ist Rechtssubjekt nach dem Verbandsgesetze und lediglich nach diesem, er ist eine Institution, welche das Verbandsgesetz vorsieht und mit der vermögensrechtlichen Subjektivität ausstattet. Der Fiskus tritt in den vermögensrechtlichen Verkehr mit den übrigen Rechtssubjekten des Verbandes. Er ist nicht etwa identisch mit der Einheit, dem Subjekte des Staates, wie heute fast allgemein behauptet wird: die Einheit des Staatsverbandes ist solche nur nach außen. Die Subjektivität des Staates ist Individualität im Verhältnis zu Seinesgleichen, sie erhält die Rechtssubjektivität nicht durch das eigene, sondern durch das über ihr schwebende Recht, das Völkerrecht. Das Subjekt des Staates, welches seine Unterscheidung nur nach außen kehrt, kann nicht mit den eigenen Angehörigen in rechtlichen Verkehr treten. Wie ist es denkbar, daß der Staat, der als Ganzes aus den gesetzmäßig verknüpften Mitgliedern besteht, wieder mit jedem einzelnen Teile in ein Verhältnis tritt? Nur ein Teil des Ganzen kann mit andern

Teilen nach den im Ganzen herrschenden Gesetzen in Beziehung treten. Man hat behauptet, die Unterscheidung zwischen Staat und Fiskus habe so wenig Berechtigung, wie die Auseinanderhaltung von Mensch und Geldbeutel. Man vergißt aber dabei, daß der Standpunkt dieser Behauptung ein rein äußerer ist. Im Verkehre mit Seinesgleichen kommt nur der Mensch als Rechtssubjekt in Betracht, nicht der Mensch und sein Geldbeutel. So ist es aber auch beim Verkehr des Staates mit anderen Staaten; nicht der Fiskus wird dabei verpflichtet (wenn er auch in Mitleidenschaft gezogen wird), sondern der Staat als Ganzes, als Einheit, als Individualität. Wenn z. B. ein Staat von einem andern Staate eine Kriegsentschädigung zu fordern hat, so fordert der Staat als völkerrechtliches Subjekt vom völkerrechtlichen Subjekte. So ist es auch, wenn der Staat Anleihen kontrahiert bei Subjekten, die nicht Angehörige des Verbandes sind oder bei welchen die Angehörigkeit zum eigenen Staate gar nicht in Betracht fällt; hier hat sich der Staat als völkerrechtliches Rechtssubjekt verpflichtet und zwar nach Völkerprivatrecht, nach allgemeinen über den Staaten herrschenden Privatrechtsgrundsätzen. Wenn aber die Regierung (wenn nötig unter Zustimmung des Parlamentes) ein Anleihen bei einer Bank im Lande selbst aufnimmt, so handelt die Regierung als vermögensrechtlicher Vertreter des Fiskus und verpflichtet letztern. Der Fiskus fordert auch die Steuern und Gebühren, zahlt die Gehalte, unterhält das Heer, errichtet die Staatsgebäude u. s. w. Der Fiskus ist also etwas im Verbandsinnern, eine Institution, hervorgerufen durch das Verlangen des innern Verbandsgesetzes; nach außen, d. h. auf Gebieten, wo das eigene Verbandsgesetz nichts zu sagen hat, keine Anwendung findet, hat er auch keine Beziehungen. Wenn wir also den Fiskus als Teil des Verbandsorganismus mit etwas beim natürlichen Organismus vergleichen, so müssen wir dieses Etwas in und nicht außer dem tierischen Organismus suchen. Es könnte nun zunächst die Vorstellung auftreten, daß der Fiskus ein Organ des Verbandes sei und daß er etwa dem Verdauungsapparate im tierischen Organismus entspreche. Diese Auffassung wäre aber unrichtig, der Fiskus ist kein Organ des menschlichen Verbandes, er hat keinen Willen, sondern bloß Vertreter, welche für ihn verfügen; er selbst gibt keine Anordnungen, sondern die Organe geben die Anordnungen für ihn. Der Fiskus des menschlichen Verbandes entspricht etwa dem Fettgewebe des tierischen Körpers; die Aktiven des Verbandes entsprechen dem Fette, das im Gewebe angehäuft wird. Die Organe und Glieder (die Zellen) des Körpers steuern das Fett zusammen, um es im Gewebe aufspeichern zu lassen, von wo es nach Bedürfnis wieder zur Unterhaltung des inneren Haushaltes bezogen wird.

V. Rechtsbegriffe.

37. Die Begriffsbildung im allgemeinen.

Die empirische Beobachtung der Einheit beruht darauf, daß letztere sich von allen andern Einheiten unterscheidet. Wenn nun der Beobachter einem andern seine Wahrnehmungen zur Kenntnis bringen will, muß er ihm nicht nur den Inhalt der Einheit, sondern auch das Auszeichnende und von anderem Abhebende der Einheit begreiflich machen; er muß ihm einen Begriff der Einheit geben. Es würde nun zu weit führen, um begreiflich zu machen, den gesamten Inhalt der Einheit, alle Details des Gesetzmäßigen in der Zusammenfassung der Teile zu schildern und sämtliche Unterscheidungsmerkmale aufzuzählen. Es genügt, das Charakteristische, das von anderm sich Abhebende zu bezeichnen, um einen Begriff zu geben; es genügt, daß die Begriffsbestimmung diejenigen Merkmale gibt, welche die Identität und damit die Verschiedenheit von anderem in unzweideutiger Weise darlegt.

Ich verwende den Ausdruck Begriff im Sinne des Begreiflichmachens und Begreifens; man gibt einen Begriff, damit ein anderer begreife. Ich glaube auch, daß dies der sprachgebräuchliche Sinn des Ausdruckes Begriff ist. Einen Begriff stellt man auf, damit andere durch Wahrnehmung von Wort, Schrift, Zeichen die Vorstellung der nämlichen Einheit erhalten. Der Empiriker macht sich über seine eigenen Wahrnehmungen keine Begriffe; er hat Gelegenheit, den vollen empirischen Inhalt der Einheit und ihre Abgrenzung gegenüber dem Übrigen sich zu erschließen; er macht Begriffe nur, wenn er dasjenige, das er erkannt hat und weiß, andern mitteilt, begreiflich machen will.

Bei der Begriffsbestimmung kann man verschieden vorgehen; es kommt darauf an, zu welchem Zwecke man etwas begreiflich machen will. Bei der Begriffsbestimmung des Staates z. B. wird der Politiker anders vorgehen, als der Historiker und dieser wieder anders als der Jurist. Die verschiedenen Begriffsbestimmungen können aber nicht in dem Sinne verschieden sein, daß jede einen ganz andern Inhalt ausdrückt. Ein Teil des Inhaltes muß bei allen Begriffsbestimmungen wiederkehren und zwar der Teil, der die wesentlichen unterscheidenden Merkmale enthält, der also wesentlich ist, um die Identität desjenigen, das begreiflich gemacht werden soll, mit dem Begriffenen hervorzurufen.

38. Allgemeiner Begriff des Rechts.

Der Begriff des Rechts wird konkret gewonnen durch die empirische Beobachtung des Innern eines bestimmten Staates. Der abstrakte Begriff des Rechts hebt die durch Vergleichung gewonnenen gemeinsamen Merkmale des Rechts verschiedener Staaten heraus. Es frägt sich, ob es einen abstrakten, allgemeinen Begriff des Rechts geben könne. Wir bejahen diese Frage, soweit sich die Begriffsbestimmung auf die rein formellen Merkmale, d. h. auf diejenigen Kennzeichen beschränkt, welche die Unterscheidung gegenüber allem Übrigen begründen, und sich über den Inhalt nicht ausspricht. Es gibt einen abstrakten Begriff des Rechts, wie es einen abstrakten Begriff der Sprache, Sitte, Religion, Poesie gibt. Wenn dieser allgemeine Rechtsbegriff, d. h. der durch vergleichende Betrachtung vieler Rechtsordnungen gewonnene formelle Begriff des Rechts einen bleibenden unveränderlichen Wert beansprucht, so hat er andererseits den Mangel, über den Inhalt des Rechts gar keine Auskunft geben können. Er kann es nicht, weil die Verschiedenheit der einzelnen Rechtsordnungen zu groß ist und weil der Inhalt des Rechts sich stets ändert, der steten Entwicklung unterliegt.

39. Die Rechtsbegriffe.

Vom Standpunkte eines konkreten Rechts aus ergeben sich eine Unzahl Rechtsbegriffe. Jeder gewöhnliche oder einer speziellen Wissenschaft angehörende Begriff wird zum Rechtsbegriffe, sobald das Recht sich mit dem Gegenstande befaßt; so gibt es einen Rechtsbegriff der Sache, des Grundstückes, der Liegenschaft, der Körperverletzung, der Absicht, des Willens u. s. w. Bei dieser Verwendung gewöhnlicher Begriffe darf man die Anschauung nicht aufkommen lassen, als ob der Rechtsbegriff etwas anderes umfasse, als der gewöhnliche Begriff. Beide Begriffe, der gewöhnliche wie der rechtliche, beziehen sich auf den nämlichen Gegenstand. Während es aber der naturwissenschaftlichen Begriffsbestimmung darum zu tun ist, einen ganz bestimmten Inhalt kennzeichnen, begnügt sich der Rechtsbegriff gewöhnlich damit, diejenigen Merkmale hervorzuheben, welche für die rechtliche Beurteilung in Frage kommen, es im übrigen der gewöhnlichen Begriffsbestimmung überlassend, die weitern Merkmale welche zur Identitätsbestimmung notwendig sind, aufzuzählen. Das Gesetz stellt die Rechtsbegriffe in der Regel nicht selbst auf. Indem es aber bei der Feststellung der Kausalität die Ursache und die Folge genau präzisiert, erhalten die Gegenstände und Subjekte Merkmale, welche bei der Begriffsbestimmung mitumfaßt werden und damit den Rechtsbegriff ergeben. Die Begriffsbestimmungen und Definitionen überläßt der Gesetzgeber regelmäßig der Wissenschaft; diese wird aber dadurch nicht etwa frei in der Aufstellung der Rechtsbegriffe, sondern muß die vom Gesetzgeber gegebenen Merkmale von Ursache und Folge genau erforschen und aufnehmen. Der Gesetzgeber gibt also die Merkmale an, aus welchen sich die Rechtsbegriffe zusammenstellen lassen. Immer muß aber die Kausalität des Gesetzes Rücksicht nehmen auf naturgesetzliche Vorgänge; das Gesetz schafft kein einziges Merkmal selbst, sondern hebt bloß aus der Welt der Naturgesetzlichkeit diejenigen Merkmale heraus, die ihm belieben. In dieser Zusammensetzung und Kombination allerdings ist das Gesetz frei. Die Begriffe der Obligation, des Eigentums, der Emphyteuse, der Novation, der Adoption, der patria potestas, der Agnation bestehen aus rein naturgesetzlichen Merkmalen. Dabei spielt allerdings der (vom Standpunkte des Rechtsgesetzgebers aus) freie Wille eine große Rolle; allein dieser Wille ist etwas Naturgesetzliches, auch wenn er sich der vorgesehenen Kausalität anpaßt. Das Recht kann nichts schaffen, sondern nur vorsehen und verknüpfen (abweichend Zitelmann, Irrtum und Rechtsgeschäft, S. 17 und 18). Die Erscheinung allerdings treffen wir an, daß das Gesetz von der einfachen Hinstellung eines gewöhnlichen Begriffes (z. B. Irrsinn, Geburt, Tod) bis zur völlig freien Verknüpfung von Willensäußerungen (z. B. Vertrag, Rechtsgeschäft) fortschreiten kann; Zitelmann a. a. O.; abweichend Eltzbacher, 1900, insbesondere S. 17ff.

40. Vergleichende Rechtsbegriffe.

Jede positive Rechtsordnung ist in der Bewirkung der Rechtsbegriffe völlig frei und diese Rechtsbegriffe passen auch in der Regel nicht für andere Rechtsordnungen. So wird vielleicht der Begriff des einfachen Gesetzes, der Verordnung, der Justizsache, der Verwaltungssache, der Regierung, des Verbrechens, des Vergehens, der Gefahr, des Zufalles, der höhern Gewalt, der schweren Körperverletzung, der Fälschung u. s. w. je nach der positiven Gesetzgebung verschiedene Merkmale aufweisen. Es ist nun aber möglich, wenn man sich auf die rein formellen, d. h. die lediglich den Gegenstand von andern unterscheidenden Merkmale beschränkt und auf den Inhalt der Gegenstände weiter nicht eintritt, vergleichende Begriffsbestimmungen aufzustellen, die auf jede Rechtsordnung passen. So kann man die vergleichenden Rechtsbegriffe der Verfassung, des Gesetzes, der Verordnung, der Verwaltung, der Rechtsprechung, des Vertrages, Eigentums, Verbrechens 2c. finden.

41. Der Staat als Rechtsbegriff.

Ist der Staat ein Rechtsbegriff? Es ist sofort klar, daß der Staat nicht ein Rechtsbegriff nach dem eigenen staatlichen Rechte sein kann, denn dieses letztere bewirkt durch das Zusammenfassen der Teile den Staat, erhebt sich aber nicht über denselben. Was im ganzen lebt, kann nicht das Ganze beurteilen, präzisieren. Der Staat ist zunächst ein gewöhnlicher Begriff, gewonnen durch die vulgäre, nicht etwa spezifisch juristische Betrachtungsweise, es ist der Begriff des menschlichen Verbandes überhaupt mit gewissen weitern Merkmalen. Rechtsbegriff kann der Staat nur sein nach Völkerrecht. Die Staaten sind da vor dem Völkerrechte, das letztere befaßt sich mit den bereits vorhandenen Subjekten. Die völkerrechtliche Betrachtungsweise wird dadurch, daß sie bestimmte Merkmale berührt, ohne die ein Staat im Sinne des Völkerrechtes nicht vorhanden wäre, den Rechtsbegriff des Staates konstruieren. Die übrigen menschlichen Verbände innerhalb des staatlichen Organismus werden zu Rechtsbegriffen des staatlichen Rechts. Zwar ist auch der Begriff des menschlichen Verbandes wie bereits früher hervorgehoben, zunächst ein Ergebnis gewöhnlicher empirischer Betrachtung. Das Recht findet den Begriff des menschlichen Verbandes vor, wie es den Begriff des Menschen, des Subjektes, des Gegenstandes vorfindet; indem das Recht besondere Merkmale hervorhebt, Arten der menschlichen Verbände unterscheidet, sie verschieden behandelt, werden aber die Verbände zu Rechtsbegriffen.

FSC
www.fsc.org
MIX
Papier | Fördert
gute Waldnutzung
FSC® C083411

Kolibri 360 GmbH
Ferdinand-Jühlke-Straße 7
99095 Erfurt, Deutschland
produktsicherheit@kolibri360.de